板書&イラストでよくわかる 365日の全授業

小学校国語

山本真司 編著
国語"夢"塾 協力

4年 下

明治図書

はじめに

　現行学習指導要領で小学校の国語科の授業時数は，1年で306時間，2年で315時間，3・4年で245時間，5・6年で175時間と定められており，時間割を見れば毎日のように国語の授業があるはずです。

　日々の授業の積み重ねが子どもを伸ばします。これだけの時間を使って子どもたちに国語の力を身に付けさせることが求められています。しかし，忙しい中，ゼロから教材研究を重ね，毎単元・毎時間の授業を組み立てていくのは至難の業です。特に，若い教師にとっては学校生活すべてが初めてのことばかりでしょう。

　そこで，下記を目指して本書を企画しました。

● 朝，授業前にパッと目を通すことでいい授業ができるようになる本
● 365日，国語の全授業が詰まっている本
● この1冊さえ手元に置いておけば安心！　と思っていただける本

　工夫したのは，下記の3点です。

授業の流れを4コマのイラストでビジュアルに！
〜❶導入→❷展開1→❸展開2→❹まとめが一目で分かる〜

板書例を実物イメージのまま掲載！
〜実際の板書イメージを大切に授業が見通せる〜

今日の授業のポイント／苦手さのある子への対応　など
〜ちょっと先輩が「今日はココが注意」とささやくようなアドバイスを〜

　まずは本書から，国語授業の楽しさやコツを知っていただき，先生方の日々の授業の一助となれば幸いです。

編著者一同　岩崎直哉（1年）宍戸寛昌（2年）藤井大助（3年）
山本真司（4年）小林康宏（5年）弥延浩史（6年）

本書の使い方

> 本時の目標・評価，準備物を押さえる！

1 ばらばら言葉を聞き取ろう
1時間　準備物：特になし

> 授業の流れが分かる！
> ・1時間の授業の流れを4コマのイラストで視覚的に理解できます。
> ❶導入→❷展開1→❸展開2→❹まとめの流れに沿って，解説しています。
> ・授業での子どもの様子が目に浮かびます。

❶ 「ばらばら言葉ゲーム」を行うという見通しをもつ

まず，本時にどんな活動をするのかを示す。教師が，ルールを説明するのもよいが，ゲームのやり方を理解させるには，実際にやってみせるのが一番である。
3人を指名して，廊下で三文字の言葉を示し，誰が何をどの音を言うのかを決めた後，みんなの前で，やってみせる。
ルールをいち早く理解して答える子どもを見て，ほかの子どもたちもルールを理解するだろう。

❷ グループで問題づくりをする

ゲームについて理解させた後，グループで問題づくりをさせる。問題の難易度を考えると，3，4人のグループが望ましい。ここでは，グループの話合いでの参加状況を見取り，評価できるようにしたい。
例えば，互いに顔を見合わせて話をしているかは，グループのメンバーの距離感を見るとよく分かる。
話し合っている最中や，問題を出し合う前に，よいグループの様子を見取り，価値付けるようにしたい。

🖊 全体と個を見取る
学年始めに行う授業ですから，子どもたちの現状を見取ることがとても大切です。例えば，このようなゲームに乗ってくる素直さをもっているかどうか。躊躇せずに答えを発言しようとする子は誰か。安心して話せる雰囲気があるか。ちょっとしたゲームの中に学級全体や個人の実態が表れるものです。とはいえ，あまり難しく考える必要はありません。「笑顔で過ごす時間を共有する」そのことだけでも学級づくりにとってはプラスなことです。

🖊 気になるあの子をほめる機会に
学級には，学習になかなか向き合えない子もいるでしょう。このようなゲーム的活動のときは，学習への参加をほめるチャンスです。気になる子の前向きな行動に着目しましょう。

22　ばらばら言葉を聞き取ろう

> 本時の授業での注意点が分かる！
> ・本時の授業のポイントは？　気を付けるべき点は？　そして，苦手さのある子がいるときにどう支援するかなど，配慮点をまとめてチェックできます。

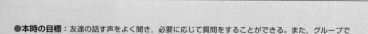

- ●本時の目標：友達の話す声をよく聞き，必要に応じて質問をすることができる。また，グループで話題に沿って話し合い，考えをまとめることができる。
- ●本時の評価：友達の声をよく聞いて答えを出そうとしたり，質問をしたりすることができる。また，グループで協力して問題づくりに取り組み，作戦を立てたり，問題をつくったりすることができる。

❸ 問題を出し合う

グループで順番に前に出て問題を出し，ほかの子が答えていく。何人か指名の後，難しい場合，「もう一度言ってください」と要求したり，「それは食べ物ですか？」と質問をしたりしてよいことにする。そういった主体的な聞き方も，子どもへの指導事項となり得る。

また，間違ってもよいから発言しようとする姿勢も積極的に価値付けたい。

ゲームへの取り組みの中で，授業の土台をはぐくむことができる。

❹ 本時のよかったことを発表し合う

時間があれば，問題のテーマを決めたり，撥音や長音のルールを決めたりなどと工夫して，何度か問題を出し合うのもよいだろう。

そして，最後には，本時のよかったことについての振り返りを行う。

「○○君の笑顔で，楽しくなった」
「○○さんの手の挙げ方がよかった」
「クラスみんなでゲームをするのが楽しかった」
「みんなの間違いがあるから正解が出せた」

など，決めた指導事項にこだわり過ぎず，前向きな学級の空気を培っていくようにしたい。

ばらばら言葉を聞き取ろう（1〜1時間）

ばらばら言葉を聞き取ろう
（よいところ）

- グループ全員が話し合いに参加している。
- 集中して声を聞いている。
- グループで作戦を立てる
- 声の大きさをそろえる
- 同じ音が多い文字にする　など
- 質問する。
- 上手なヒントを出す。
- 間ちがいをおそれず、進んで発表する。
- 笑顔で楽しむ。
- 元気よく声を出す。

第1時 23

板書が分かる！
- 実際の板書イメージで，記す内容や書き方が分かります。
- 板書をあまり必要としない授業では，子どもの作品例や活動の様子を紹介しました。具体的な授業の様子がイメージできます。

国語の授業は毎日迫ってくる…

あ！　今日は国語の授業が2時間あるんだった！

▼

『365日の全授業』は一目で授業づくりが分かる！

＼急いで，確認！／

365日

▼

深くていい授業

読みが深まりましたね。

目 次

はじめに　3

本書の使い方　4

第1章　授業づくりのポイント　4年

これからの時代に求められる学力，及び国語の力 ……………… 10

特別な支援を要する子も包み込む授業づくり ……………… 12

4年生の実態×指導内容×配慮事項 ……………… 14

第2章　365日の全授業　4年下

1　読んで考えたことを話し合おう
ごんぎつね ……………………………………………………… 20

秋の風景 ……………………………………………………… 42

慣用句 ……………………………………………………… 48

2 段落どうしの関係をとらえ，説明のしかたについて考えよう
アップとルーズで伝える ··· 54
　［コラム］言葉で変わる写真の印象

　説明のしかたを工夫して，分かりやすく伝える文章を書こう
「クラブ活動リーフレット」を作ろう ························· 72

　声に出して楽しもう
短歌・俳句に親しもう（二） ································ 86

3 心に残ったことを感想文に書こう
プラタナスの木 ··· 90

漢字の広場④ ·· 108

　言葉について考えよう
文と文をつなぐ言葉 ·· 112

　詩を楽しもう
のはらうた ·· 122

　詩を書こう
野原に集まれ ·· 128

冬の風景 ·· 140

4 きょうみをもったところを中心に，しょうかいしよう
ウナギのなぞを追って ··· 146

漢字の広場⑤ ……………………………… 160

大事なことを落とさずに聞こう
聞き取りメモの工夫 ……………………… 164

熟語の意味 ……………………………… 178

5 本で調べて，ほうこくする文章を書こう
わたしの研究レポート ………………… 184

まちがえやすい漢字 …………………… 198

6 読んで感じたことが伝わるように，音読しよう
初雪のふる日 …………………………… 204

漢字の広場⑥ …………………………… 218

未来の自分に手紙を書こう
十年後のわたしへ ……………………… 224

※本書の構成は，光村図書出版株式会社の教科書を参考にしています。

第1章

授業づくりのポイント　4年

これからの時代に求められる学力，及び国語の力

　改めていうまでもないことだが，私たちは現在，非常に変化の激しい時代を生きている。インターネット網の急速な発達により，際限なく情報を集めることができるようになった。グローバル化が進んだことで，地球の裏側で起きたことが毎日の生活に影響を及ぼすこともある。

　当然，これからの知識基盤社会を生きていく子どもたちには，さらに激しい変化が待ち受けていることだろう。私たちには想像もできない新たな職業が生まれているかもしれない。今まで覚えることが当たり前であった学習の多くを，コンピュータが肩代わりしてくれるようになるかもしれない。そのような新たな時代を生きる子どもたちにはぐくみたい資質・能力とは，どのようなものなのだろうか。

　国立教育政策研究所では，その答えとして「21世紀型能力」を提示している。それは「①思考力を中核とし，それを支える②基礎力と，使い方を方向づける③実践力の三層構造」という形で説明がなされる。諸外国でもコンピテンシーベースの教育が行われつつある現在，21世紀型能力は今後の日本の教育を牽引する大切な考え方となっていくことだろう。

　では，21世紀型能力から見えてくる，これから求められる国語の力とはどのようなものだろうか。また，そのためにどのような国語授業の改善が求められるだろうか。大きく，以下の3点に分けて述べる。

1 国語科ではぐくみたい思考力

①論理的思考力

　誰かの表現をとらえるときに，自分勝手な解釈や分かったつもりでは，正しく理解したことにはならない。また，自分の解釈を伝えるときに，根拠も理由も提示しなければ，共感も理解も得られない。このように，国語科ではぐくみたい思考力の一つ目は，言葉（表現・解釈）を正しくとらえて，正しく伝えるために必要な論理的思考力である。これは，「根拠」と「意見」の二つをつなぐ力と言い換えることもできよう。つまり，誰にとっても納得のできる材料である「根拠」を関係付けながら，自らの「意見」を組み立てていく，その過程で発揮されるのが論理的思考力なのである。

　この力をはぐくむためには，どの言葉（表現・解釈）が確かな根拠になるかを吟味したり，根拠と意見の整合性を確かめたりする授業が必要になる。具体的には，「ごんぎつね」を読んで，ごんは不幸だと思ったという感想で終わらず，教材文中のどの言葉を（根拠），どのよう

にとらえた結果（理由），不幸だと思うのか（意見）について，互いに話し合う中で妥当性を高めていくような姿が思い浮かぶだろう。

②批判的思考力

二つ目の思考力は，批判的思考力である。批判というと，否定のニュアンスを強く感じがちだが，「本当にそうなのかな？」と問い直すことで，言葉（表現・解釈）の真の価値を見出すことが主眼となる。この問い直す力こそ，国語の授業ではぐくんでいきたいものである。

例えば，友達と作文を交流する際，「○○がよく書けていました」と意味付けることで共感的な学びは成立する。しかし，「もっとよい書き方はないかな？」と問い直すことで，表現はさらによりよいものへと研ぎ澄まされていく。このように，よりよい価値を求めていく国語の授業を創っていくことが，批判的思考力を養う素地となるだろう。

2 国語科ではぐくみたい基礎力

国語科の基礎というと，平仮名や漢字といった文字を正しく理解し，語彙を豊かにし，文法を適切に扱うような力が思い浮かぶだろう。これらは小学校で確かに身に付けたい力ではあるものの，前述のようにコンピュータの活用である程度補助することのできる力でもある。

そこで，これからの時代に必要となる基礎力として，言語感覚を加えたい。言語感覚とは，正誤・適否・美醜といった，言葉に対する感じ方のことである。文章を一読したときに「あれ？　この言葉はこの文に合わないな（適否）」と感じたことはないだろうか。それが言語感覚の発動した瞬間である。

幾つかの文を，作品を比べて読み，どちらが優れているか吟味する。一つの言葉を用いて，様々な文を表現してみる。そういった，言葉にたっぷり浸るような授業を繰り返すことで，言語感覚は研ぎ澄まされていくことだろう。

3 国語科ではぐくみたい実践力

国語科は道具としての言葉を扱う特性上，学んだことが他教科や日常生活に活用されることを目的の一つにしていることはいうまでもない。それは，他教科や日常生活で行われる言語活動（レポートを書く，討論するなど）が，国語科の学びの延長にあることからも明らかである。ここから，これからの国語科では，道具としての言葉をより効果的に扱うことを目的とした授業が求められていることが分かるだろう。つまり，子どもに言語意識を明確にもたせる授業である。

子どもに着地点と道筋を示すことで，「目的意識」を明確にさせる。1時間で完結することなく，実践され，活用されることでますます意義を深めていくような国語の授業が，これから求められていくことと思われる。

特別な支援を要する子も包み込む授業づくり

1 特別な支援を要する子どもへの支援を特別なものにしない

　クラスのあの子の顔を思い浮かべてみてほしい。

　A君は国語の授業が苦手である。特に物語文の読解がなかなかできない。「どんな気持ちだと思いますか？」という発問をされると固まってしまい，言葉が出てこない。そういえば普段から自己中心的な発言が多く，人が傷つくようなことを平気で言うこともある。ほかの子どもよりも噛み砕いた発問を行い，行動を小まめに見なければならないので負担も大きい。

　しかし，A君への配慮は，すなわち他の子どもたちへの配慮でもある。つまり，A君に限らず，子どもの実態に応じれば応じるほど，支援は特別なものになっていくとともに，A君に対して有効な支援は，他の子どもにとっても有効である場合が多々あるからである。また，互いの苦手さや失敗を認め合うことは豊かな「学級経営」に，つまずきのある子どもの学びの姿に着目することは確かな「授業改善」につなげることができる。

　このように，「あの子」への特別な支援を切り口にすることで，学級に様々な価値を生み出すことができる。特別な支援のまま終わらせない，視点の転換を図っていく必要があるだろう。

2 すべての子どもを包み込む授業スタイルへの転換

　特別な支援を切り口にすることの価値は理解できても，具体的に授業をどのように変えていけばよいのか，イメージするのは難しいかもしれない。現在の授業スタイルを転換するための三つの視点を紹介する。

① 「教えやすさ」から「学びやすさ」へ

　教師の「教えやすさ」を優先した指導を行うと，分からない子どもに対する特別な支援が必要となる。しかし，その子が分かる指導を行うことで，周りの子どもにとっても「学びやすい」授業へと変えることもできよう。言語コミュニケーション力が弱い子どもに対する視覚化の手立てや，書くことが苦手な子どもにアウトプットを支援する手立てなどを特別な指導ととらえず，すべての子どもに有効な指導として，積極的に授業に導入していくことが求められる。

② 「挙手—指名」スタイルからの脱却を

　一般的な「発問」→「挙手」→「指名」→「発表」という授業スタイルは，決してすべての子どもにとって学びやすいものではない。衝動性の高い子どもは「挙手」前に答えを口に出してしまうし，考えるのに時間がかかる子どもは「挙手」時に取り残されてしまう。したがって，

「発問」→「挙手」の間に，まず隣の友達に意見を伝える場面を設けたり，「挙手」→「指名」の間に，理解の早い子どもにヒントを言わせたりするなどの手立てを講じることで，すべての子どもを巻き込む授業へと転換していくことが必要となる。

③ 「そろえる」場面を意識して

　導入ではみんな生き生きと取り組んでいるのに，終末にはほとんどの子どもがあきあきしている。これは，授業の過程で取り残される子どもが生まれていることを示している。例えば授業の中盤に，グーとパーの挙手で全員が答えられるクローズドクエスチョンを組み込んだり，2人で理解度をそろえるペアトークを設定したりすればどうだろう。授業展開の節目で「そろえる」ことを意識すると，すべての子どもを取り残さない授業へと転換することができる。

3 特別な支援を生かして国語の授業を変える

　ここまで述べてきたように，特別な支援を要する子も包み込む授業をつくるためには，二つの方向からのアプローチが必要である。

　一つ目が，特別な支援の必要な子どもも含めたすべての子どもが分かる「授業づくり」である。授業を構成する板書や発問，教材研究といった様々な要素を整備し直し，子どもが学びやすい環境をつくっていくことが大切となる。

　二つ目が，特別な支援の必要な子どもに対する「個別の配慮」である。子どもによって学びやすい方法は少しずつ異なる。個の実態を的確に把握し，有効な働きかけを見付けていくことが大切といえよう。

　では，冒頭の物語文の読解が苦手なA君も包み込む授業づくりは，どのように進めていけばよいだろうか。「どんな気持ちだと思いますか？」という発問は，苦手な子どもにとっては負担でしかない。発問の前に，3年生なら「行動描写」，5年生なら「情景描写」といった，心情を考えるヒントとなる表現にサイドラインを引いて明確にする活動を取り入れるとよいだろう。また，これまでの心情の変化を心情曲線やチャートとして視覚化しておくことも大切である（「授業づくり」）。そして，自分のペースで話をしたいA君に有効なペアトークを行わせ，共有してからの「どんな気持ち？」ならば，自信をもって答えられるはずだ（「個別の配慮」）。

　このように，明確なステップを踏んで，論理的に「気持ちの読み取り方」を指導することは，すべての子どもに有効であることは，いうまでもない。授業の中にこれらの視点を組み込んでいくことが求められている。

参考文献
『通常学級の担任がつくる　授業のユニバーサルデザイン―国語・算数授業に特別支援教育の視点を取り入れた「わかる授業づくり」―』『国語授業のユニバーサルデザイン―全員が楽しく「わかる・できる」国語授業づくり―』『授業のユニバーサルデザインを目指す国語授業の全時間指導ガイド―特別支援教育の視点をふまえた国語授業づくり―』（以上，東洋館出版社）『通常学級でできる発達障害のある子の学習支援』（ミネルヴァ書房）

4年生の実態×指導内容×配慮事項

1 4年生は，中学年？ 高学年？

　4年生と聞くと，「中学年」とイメージすることが多いだろう。確かに1・2年生は，「低学年」らしいし，5・6年生は「高学年」というイメージがはっきりしている。実際，学習指導要領の指導事項でも，「第3・4学年」が一括りとなっている。

　しかし，子どもたちの実態を見ると，4年生は，3年生までとは大きく違う「高学年」としての特徴が顕著になってくる時期でもある。とりわけ4年生の後半は，ほぼ高学年の特徴に近い。

　例えば，次のようなことが起こりがちである。

①授業で自分の意見を積極的に発言していた子が，発言を躊躇するようになる。

②友達関係でもめごとがあっても，それほど気にしなかったのに，いろいろと気遣いをするようになる。

③教師や親の言うことに対して疑問をもつことなく（表明することなく），素直に「はい」と従っていた子が，ときに反抗的な態度を表す。

　これらは，平たくいえば，子どもが周りの友達と自分との「関係」がよく見えるようになってきたことの裏返しでもある。周りの友達関係のことが気になるから，自分の居場所のつくり方についても悩むようになるし，自分なりの価値観をつくる時期だから，大人に対してであれ，他人の言うことに対して素直に耳を傾けられなくなることもある。だから，4年生の学級では，3年生までには見られなかった「荒れ」が出てくることも少なくない。

　学習面においてもモノとモノとの「関係」が重要になってくる時期でもある。3年生までは，漢字や九九を覚えたり，図鑑で好きな動物の名前を覚えたりするといった知識を丸暗記する能力に優れている。ところが4年生頃からは，その能力は次第に衰えていき，一方で知識と知識を組み合わせて考えていく能力が育つ。そうした変化から不安な気持ちを抱く子が出てくることも少なくない。

　このように4年生は，「高学年」としての特徴が顕著になってくる時期である。特に下巻を扱う2学期中旬以降ではなおさらである。5年生に向けて，4年生を「高学年」的な特徴が出てくる時期であるととらえて，学級づくりや授業づくりに取り組んでいくことが大切である。

2 4年生の国語授業づくりのポイント

「高学年」的な特徴を踏まえた4年生の国語授業づくりのキーワードは，「納得」「友達とのかかわり」「関係付ける」である。

ポイント①　子どもが納得のいく学習課題を

言われたことをこなすだけでなく，自分なりの興味の方向性をもつ子が増える4年生では特に，子どもの願いを意識した学習課題を立てるようにしたい。

その際，大きく三つの方法がある。

一つ目は，子どもの感想を授業に生かす方法である。

「初雪のふる日」では，作品を一読した後，子どもの感想を取り上げて，読み取っていく。子どもの感想を授業に生かすことで，主体的な学習が展開できるからである。

二つ目は，子どもの興味・関心を引き出す魅力的な活動の提示である。

「ごんぎつね」では，「○○図書室から紹介文を書いてほしいという依頼がきている」という設定を子どもに投げかけるところからはじまる。具体的で魅力的なゴールを示すことで，子どもたちも興味をもって学習を進めていけるだろう。

三つ目は，教師が活動の意図を説明する方法である。

例えば，「〜を書こう」というように，教科書に言語活動が明示されている場合がある。教師から学習課題を投げかけることになることも少なくない。その場合，その活動を経験することで，「書いてまとめる力が付く」といった意図を子どもに伝えることが大切である。「教科書に書いてあるから」「先生に言われたから」ではなく，意味のある活動として取り組ませるようにすることで，納得して活動に取り組むことができる。

いずれも，子どもの思いを受け止めながら，学習を展開していくことが大切である。

ポイント②　友達とのかかわりのある授業に

4年生の特徴として，友達とのかかわりに気を遣うということがある。それは，友達関係の中での自分の居場所づくりに関心があるということである。教師や親からのほめ言葉よりも，友達からの称賛のほうがうれしいと感じることが多くなってくる。

ゆえに，学級の友達から認められるような授業をつくっていくことが，子どもたちの教室での安心感をはぐくむことになっていく。そのためには，意見を話して伝え合ったり，書いたものを読み合ったりする活動を取り入れるようにしたい。

その際に大切にしたいのは，あたたかで前向きな反応である。まずは，「うんうん」「なるほどね」といったうなずきが自然にできるような身体，関係をはぐくんでいきたい。教えてほめることで育てていくと同時に，教師もその模範であるようにすることが大切である。また，書いたものを読み合う際には，簡単なコメントを書くようにさせることも一つの手立てである。

15

互いの考えを知ることは楽しいことだと全員が思える集団が育つと，子どもたちは安心して自分の考えを創り，表現していけるようになっていく。その意味では，言葉の力を付けるうえでも，よりよい友達とのかかわりは欠かせない。

ポイント③　何かと何かを関係付けて考える力をはぐくむ

先述したように，４年生では知識と知識を関係付ける力が育つため，そうした学習が増えてくるのだが，それらの力は，漢字や九九の習得のように目に見えやすいものではないため，育てるのが難しい。

何よりもまず教師が関係付けて考えるとはどういうことかを意識することが求められよう。

・あの場面の登場人物の気持ちがあるから，この場面でもこう思ったのだろう。
・この段落は，あの段落とあの段落をまとめた内容が書かれているのだ。
・この資料から自分の経験を結び付けると，こんな似たようなことがあった。
・あの漢字にもこの漢字にも同じ部分が使われているのは意味がありそうだ。

など，二つを比べて似ているところや違うところを見付けたり，〜だからこうだというような因果関係をとらえたり，具体的なこととまとめていることの関係をとらえたりすることのよさを，教師自身が自覚することではじめて指導ができる。子どもからこのような思考が出てきたときに，「今，○○君は，これとこれを関係付けて考えていたよね」と価値付けることで，他の子もその考え方を学ぶことができる。そうすることで，何を学んでいるのか分からないという国語から，脱却することができる。学びの達成感は，次の国語授業への意欲ともなるだろう。

３　学習指導要領に見る４年生の指導の重点

上記のように，単に知識を覚えるのではない「関係付けて考える力」を育てるには，その能力を教師が見取る必要がある。領域に分かれてはいるが，それぞれの共通点も多い。１年間を通じてどのような力をはぐくんでいくのか見通しをもちたい。

〈話すこと・聞くこと〉

学習指導要領では，「理由や事例などを挙げながら筋道を立て」て話すこと，とある。これは，物事と物事を「関係付けて」表現することである。また，聞くことの指導事項で，「質問をしたり感想を述べたり」とある。これは，聞き手である自分と話し手の関係を紡いでいくことといえる。さらに，話合いにかかわる指導事項では，「互いの考えの共通点や相違点を考え」とある。二つの考えを比べて，どこが似ていて，どこが違うのかといった関係をとらえることが大切だということである。つまり，３・４年生では，「関係をとらえて，つなげていく」というようにキーワードを括っていくと理解しやすいと考える。

また，「要点をメモする」「話の中心に気を付けて聞き」という事項も出てくる。つまり，目的に応じて，（自分が，もしくは相手が）「伝えたいことは何か」をはっきりさせていくことも

４年生の指導の重点である。

「話す・聞く」活動は，日常的に行われることである。いわゆる〈話すこと・聞くこと〉の単元だけにこだわるのではなく，あらゆる授業（国語の授業に限らず）でも，意識して育てていくようにしたい。

〈書くこと〉

学習指導要領では，「段落相互の関係などに注意して文章を構成する」や「理由や事例を挙げて書く」といった，〈話すこと・聞くこと〉と同様に，物事と物事の関係をとらえて書くことの大切さが述べられている。また，「書こうとすることの中心を明確に」といった指導事項もあり，「関係付ける」「中心」といった〈話すこと・聞くこと〉の指導事項と関連させることで意識しやすいだろう。

また，「相手や目的に応じて」「目的や必要に応じて」という文言からは，「何のために書くのか」「誰に伝えるために書くのか」といった目的意識や相手意識を十分にもたせるようなゴール設定の仕方や声かけが求められる。「あの人に伝えたい」という思いが，精一杯考え，工夫して文章を書くことにつながり，「伝わった」という実感が次への意欲を生む。

〈読むこと〉

物語の指導の重点は，「気持ちの変化」「情景」について「叙述を基に想像」することである。下巻では，「ごんぎつね」「初雪のふる日」と，「気持ちの変化」「情景」について考え応えのある魅力的な作品が並ぶ。友達との交流によって新たな発見のある授業を展開したい。

説明的な文章の指導の重点は，「中心となる語や文をとらえて」「段落相互の関係を考える」ことである。内容を正確に理解するだけでなく，筆者の論の進め方についても理解していくことが，〈話すこと・聞くこと〉〈書くこと〉で，伝えたいことの中心を意識したり，全体の構成を工夫して表現したりすることにつながっていく。教科書の単元の配置に表れているように，単元同士のつながりを意識して，より効果的に論理的に関係付けて考える力を育てていきたい。

なお，文学的文章，説明的文章のいずれも，音読を重視する。すらすらと音読できないことが，読んで理解することを阻んでいることも多いからである。

〈言語事項〉

「慣用句」や「つなぎ言葉」の学習が出てくる。意味や働きについて，多様な具体例と結び付けながら，実感の伴った学習を心がけたい。

第2章

365日の全授業　4年下

1 読んで考えたことを話し合おう

ごんぎつね

14時間

1 単元目標・評価

・場面の移り変わりに注意しながら，中心人物の性格や気持ちの変化，情景などについて，叙述をもとに想像して読むことができる。

【関心・意欲・態度】…叙述に着目して物語を読み，話題について進んで話し合っている。
【読む能力】…場面の移り変わりに着目し，中心人物の性格や気持ちの変化，情景などについて，叙述をもとに想像している。

2 単元のポイント

教材の特徴

本単元で学習する「ごんぎつね」は，ひとりぼっちのごんが，自分のいたずらのつぐないをしようとして母親を亡くした兵十に近づくが，その気持ちを分かってもらえないまま，兵十に撃たれ命を落とす物語である。理解してもらえないが，兵十に近づきたいごんの心情が，ごんの言動についての叙述のほかに情景描写とともに丁寧に描かれているのも特徴的である。ごんの行動や心のつぶやき，兵十とのかかわりが中心に展開され，ごんの心情変化をとらえやすい作品である。

言語活動

「あらすじ」「登場人物の人物像」「登場人物の心情変化」などを記述した「ごんぎつねガイドブック」を市立図書館に展示し，来館者に紹介するという言語活動を設定した。市立図書館の来館者に「ごんぎつねガイドブック」を紹介するために，作品全体から「あらすじ」「登場人物の人物像」「登場人物の心情変化」をとらえる必要がある。端的に紹介するので互いの感じ方の違いも表れやすく，感じ方の違いに気付くことに直結する言語活動である。

3 **学習指導計画（全14時間）**

次	時	○学習活動	●指導内容　◆評価　※留意点
一	1	○単元の学習の見通しをもつことができるようにするために，「ごんぎつねガイドブック」のモデル提示から，単元の学習計画を考える。	●これからの学習のイメージをつかみ　学習計画を立てることができる。 ◆これからの学習に関心をもち，進んで学習計画を考えている。 ※子どもたちの素直な感想を受け止めて，全体の合意のもとで，学習課題を立てる。
二	2	○「ごんぎつね」の全体像をつかむために，「ごんぎつね」を通読し，感想をもつ。	●物語の大体をつかみ，自分なりの感想を書くことができる。 ◆物語の大体をつかみ，自分なりの感想を書いている。 ※物語の大体をつかみ，自分なりの感想をもつことができるようにする。
	3	○「ごんぎつねガイドブック」を作成することを見通し，あらすじを紹介することができるようにするために，登場人物の行動や会話について考える。	●「時」「場所」「人物」の視点から，あらすじの構成について考えることができる。 ◆「時」「場所」「人物」の視点から，あらすじの構成について考えている。 ※「時」「場所」「人物」に関する叙述に注目できるようにする。
	4 ・ 5	○「ごんぎつねガイドブック」を作成することを見通し，紹介することができるようにするため，あらすじを記述する。	●あらすじの下書きの記述の仕方を考えることができる。 ◆あらすじの下書きの記述の仕方を考えている。 ※「時」「場所」「人物」の視点を意識して，あらすじを記述できるようにする。
	6	○「ごんぎつねガイドブック」を作成することを見通し，登場人物の人物像を紹介することができるようにするために，登場人物の行動や会話について考える。	●叙述をもとにごんの人物像について考えることができる。 ◆叙述をもとにごんの人物像について考えている。 ※叙述をもとに，人物像にかかわる言葉に注目できるようにする。
	7 ・ 8	○「ごんぎつねガイドブック」を作成することを見通し，登場人物の人物像を紹介することができるようにするために，登場人物の人物像を記述する。	●叙述をもとに兵十の人物像と下書きの仕方について考えることができる。 ◆叙述をもとに兵十の人物像と下書きの仕方について考えている。 ※叙述をもとに，人物像にかかわる言葉に注目できるようにする。
	9	○「ごんぎつねガイドブック」を作成することを見通し，ごんの「いたずら」「後悔」「つぐない」などの心情変化について紹介することができるようにするために，登場人物の行動や会話について考える。	●叙述をもとに，ごんの「いたずら」「後悔」「つぐない」などの心情変化について考えることができる。 ◆叙述をもとに，ごんの「いたずら」「後悔」「つぐない」などの心情変化について考えている。 ※叙述をもとに，自分の考えの理由を明確にできるようにする。
	10 ・ 11	○「ごんぎつねガイドブック」を作成することを見通し，目をつぶったままうなずくごんまでの心情変化について紹介することができるようにするために，登場人物の行動や会話について考える。	●叙述をもとに，目をつぶったままうなずくごんまでの心情変化について読み取ることができる。 ◆叙述をもとに，目をつぶったままうなずくごんまでの心情変化をとらえている。 ※叙述をもとに，自分の考えの理由を明確にできるようにする。
三	12 ・ 13	○「ごんぎつねガイドブック」を作成するために，書きためてきたあらすじ・人物像・心情変化の下書きを友達同士で見せ合い，よいところや改善点について交流していく。また，友達同士で交流し合ったことを生かして，「ごんぎつねガイドブック」を完成させる。	●「ごんぎつねガイドブック」の下書きを推敲し，清書することができるようにする。 ◆推敲した下書きを生かして，清書の記述をしている。 ※お互いのよさや改善点を意識しながら，推敲できるようにする。
	14	○お互いの読みの違いを交流し合うことができるように，「ごんぎつねガイドブック」を読み合い，感想を述べ合う。	●友達が書いた「ごんぎつねガイドブック」を読み合い，感想を書いて伝えることができるようにする。 ◆友達の「ごんぎつねガイドブック」の内容や構成について，気付いたことなどの感想をメッセージカードに書いている。 ※お互いのよさを感じ，単元を学習した達成感を味わえるようにする。

1 ごんぎつね

14時間

準備物：図書館からの手紙（又は教師が自作），ガイドブックのモデル

① 図書館からの手紙を読む

　事前に図書館に，「ごんぎつねガイドブック」を展示させてもらいたいことをお願いしておくとよい。可能であれば，あわせて手紙もお願いするとよいが，難しければ手紙は教師が自作する。
　例）「〇〇小学校のみなさん，はじめまして。〇〇図書館の□□です。みなさんがごんぎつねのお勉強をすると先生から聞きました。ぜひ，〇〇図書館に，みんながお勉強して作った『ごんぎつねガイドブック』を展示してくれませんか？　よろしくお願いします。」
　図書館からの手紙により，子どもたちの，「ごんぎつねガイドブック」の学習への必要感が高まる。

②「ごんぎつねガイドブック」のモデルを提示する

　教師が「いきなり，『ごんぎつねガイドブック』を書きますか！」と投げかけると，「書いてみたいけど，いきなりは無理だよ！」「書き方を学習したい！」というような反応が予想される。「実は，ガイドブックを作ったけど，見たいですか？」と話し，子どもたちの「書きたい！」を引き出したい。モデルを見せることで，子どもたちの意欲が高まる。

📝 モデルを提示してゴールイメージを共有する

　「『ごんぎつねガイドブック』を書きます」と言っても，何をどのように書いてよいのか子どもたちは学習の全体像をイメージすることはできません。そこで教師がモデルを提示することで，子どもたちのガイドブックを書きたい気持ちを高めたり，ガイドブックの具体的なイメージをつかんだりすることができます。
　また，「ごんぎつねガイドブック」を書くためには，どのように学習を進めていくのかを考えさせていきましょう。子どもたちは，モデルを見ることで，「ごんぎつねガイドブック」に「あらすじ」「人物像」「心情変化」等の観点を記述しようという学習計画を立てていくことができるようになるでしょう。

- **本時の目標**：これからの学習のイメージをつかみ，学習計画を立てることができる。
- **本時の評価**：これからの学習に関心をもち，進んで学習計画を考えている。

3 「ごんぎつねガイドブック」のモデルを見て，気付いたことを交流する

『ごんぎつねガイドブック』を見て，気付いたことはありませんか？」と問う。子どもたちからは，「あらすじが書いてあるよ！」「ごんと兵十の人物像も書いてあるね！」「ごんの心情変化について詳しく書かれているよ！」等の反応が予想される。モデルを見て，「あらすじ」「ごんと兵十の人物像」「ごんの心情変化」の3点は必ず取り上げていきたい。右記④の学習計画につながっていく。

4 単元の学習計画を立てる

学習計画を決める際，子どもたちの興味・関心も受け入れながら決めていくようにしたい。ただし，「あらすじ」「ごんと兵十の人物像」「ごんの心情変化」の三つの視点は絶対に落とさず学習計画を立てる。学習計画→通読→あらすじ→ごんと兵十の人物像→ごんの心情変化→推敲→交流等の単元の流れについて学級全員で共通理解を図っていく。

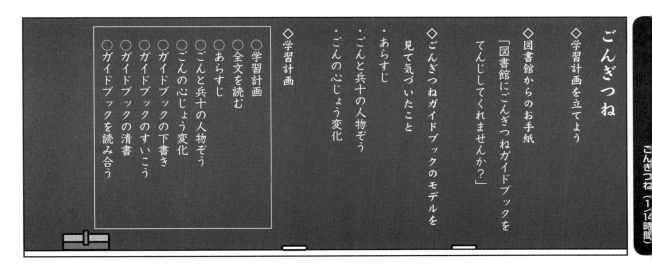

ごんぎつね

◇学習計画を立てよう

◇図書館からのお手紙
「図書館にごんぎつねガイドブックをてんじしてくれませんか？」

◇ごんぎつねガイドブックのモデルを見て気づいたこと
・あらすじ
・ごんと兵十の人物ぞう
・ごんの心じょう変化

◇学習計画
○学習計画
○全文を読む
○あらすじ
○ごんと兵十の人物ぞう
○ごんの心じょう変化
○ガイドブックの下書き
○ガイドブックのすいこう
○ガイドブックの清書
○ガイドブックを読み合う

2 ごんぎつね
14時間　準備物：特になし

1 「ごんぎつね」を通読する

第1時の学習での図書館からの手紙や「ごんぎつねガイドブック」のモデル提示により、子どもたちの「ごんぎつね」を読む目的意識や必要感、意欲は高まっているだろう。「これから、『ごんぎつね』を読みます。後で、感想を交流し合うので、自分なりの感想をもって聞いてください」のように、通読後の学習を示したうえで、読み聞かせをする。

2 辞書で難語句を確認する

ごんぎつねの教材文には、難しい語句がたくさん出てくる。今後、「あらすじ」「人物像」「心情変化」をとらえていくときに、語句の理解は大変重要になる。子どもたちから、意味が分からない語句を挙げさせ、辞書を用いるなどして、一つ一つの意味を確認していく。意味が分かりにくい語句については、学級全員で確認し、共通理解を図るようにする。

感想を交流する

物語を初めて読むときの自分自身の初発の感想を大切に扱っていきたいものです。初めて読んだときに感じたことと、数時間学習した後とでは、感想の質に変容が見られることでしょう。自分自身や仲間の感想の変容に気付くことができるようにするために、初発の感想を交流します。感想を記述したり、交流したりする中で話の流れを大まかにとらえることもできます。

語句の意味を確認する

語句の意味を一つ一つ理解することは、言葉と言葉のつながりを発見するために必要不可欠なものです。少しでも疑問に思った語句があれば、交流で出し合い、辞書を用いるなどして、一つ一つの意味を確認していきましょう。

- ●本時の目標：物語の大体をつかみ，自分なりの感想を書くことができる。
- ●本時の評価：物語の大体をつかみ，自分なりの感想を書いている。

❸ 「ごんぎつね」を読んだ感想を記述する

　「ごんぎつね」の学習を進めていくうえで，一番初めに作品を読んだときに，自分がどのように感じたのか，初読の感想を記述しておくことは重要である。単元を通して，自分の読みがどのように変容していくのかを味わうことができる単元にするためである。仮に最初の感想が浅いものであったとしても，ガイドブックを記述するときに考えが深まっていれば，大きな成長である。感想の記述を右記❹の感想の交流につなげていく。

❹ 「ごんぎつね」を読んだ感想を交流する

　物語の感想をもち，交流することは，話の流れを大まかにとらえていないとできない。通読を通して，話の流れを大まかにとらえていく必要がある。感想を交流し合うことで，一人一人の感じ方に違いがあることが分かる。「自分と友達の感想は，○○なところは似ているけど，△△の部分は少し違いがあるな」など，友達との共通点や相違点に気付かせたい。心に残った場面や自分なりの疑問などの感想を交流することで，「ごんぎつねガイドブック」の学習につなげていく。

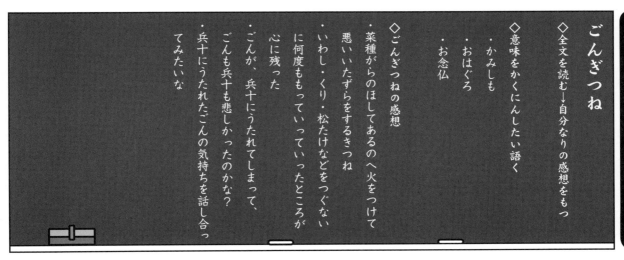

第2時　25

3 ごんぎつね
14時間　準備物：特になし

1 あらすじの書き方について考える

「あらすじ」を書く観点を考える。既習事項を生かして、子どもたちからは「時」「場所」「人物」「人物の行動」という反応が予想される。「ごんぎつねガイドブック」完成のためには、あらすじを書く力が欠かせない。未習であれば、ここできちんと指導したい。

2 時の移り変わりについて考える

時の移り変わりを考える前提として、「ごんぎつね」の設定場面を押さえる必要がある。「ごんぎつね」の「時」は、第1場面の前半に記述されている「昔、中山様というおとの様がおられた時代」であることを確認する。「秋」→「十日ほどたった日」→「次の日」→「次の日もその次の日も」→「その次の日」→「月のいいばん」→「その明くる日」のような「時」の移り変わりを丁寧にとらえる。見付けることができない子どもには、「○場面のこのあたりを見てごらん」など個別に支援する。

✎ あらすじの書き方は既習教材を用いて

　物語のあらすじは、各場面の「時」「場所」「人物」の大切な表現を押さえて一〜二文で表し、それをあわせると全文のあらすじになります。もし、あらすじの書き方を学習していなければ、既習の学習材である「かさこじぞう」などを使い、あらすじの書き方の学習をするとよいでしょう。

- ●本時の目標：「時」「場所」「人物」の視点から，あらすじの構成について考えることができる。
- ●本時の評価：「時」「場所」「人物」の視点から，あらすじの構成について考えている。

③ 場所の移り変わりについて考える

場所を表す言葉を見つけて，場所の移り変わりについて考えましょう。

　物語で設定されている「場所」は，第1場面の前半に記述されている「中山から少しはなれた山の中，辺りの村」であることを確認する。その後，「村の小川のつつみ」→「兵十の家」「村の墓地」「ごんのあな」→「兵十の家（赤いど）」→「兵十の家（裏口）」→「おしろの近くの道」「吉兵衛の家」→「兵十の家」のような「場所」の移り変わりをとらえたい。「場所」を見付けることができない子どもには，「○場面のこのあたりを見てごらん」などアドバイスを与えることも必要かもしれない。場面の中に複数の場所が記述されていることもあるが，意見を認め，あらすじの記述の際に精選する。

④ 登場人物の行動について考える

登場人物の行動について考えましょう。

　ごんの行動について，場面ごとに確認する。行動をつなげていくことで簡単なあらすじが分かる。表に書き入れ，クラス全体で共有したい。

ごんぎつね

ごんぎつねガイドブックを作るために，あらすじの書き方について考えよう

時・人物・場所・人物の行動

場面	時	人物	場所	人物の行動
前半 一	昔	ごん	中山から少しはなれた山の中	いたずらばかりしていた。
後半 一	ある秋	ごん	村の小川のつつみ	兵十のとったうなぎをにがすといういたずらをした。
二	十日ほどたって	ごん 村の人	兵十の家 村の墓地	兵十の母親のそう式をみた。
前半 三	（数日後）	ごん 兵十	兵十の家（赤いど）	兵十の家にいわしを投げ込み，つぐないをした。
後半 三	その日も次の日もその次の日も	ごん 兵十	兵十の家（うら口）	自分のしたつぐないによって，兵十がひどい目に合わされたことを知った。
四	月のいいばん	ごん 加助	おしろの近くの道 吉兵衛の家	兵十と加助の会話を聞き，「引き合わないなあ」と思う。
五	その次の日	ごん	兵十の家	くりや松たけをもっていった。
六	明くる日	ごん 兵十	兵十の家	くりを持っていったが，兵十にうたれた。

◆あらすじの書き方
- ○「時」「場所」「人物」の大切な表現をおさえる
- ○各場面，基本一〜二文で書く
- ○各場面のあらすじを合わせると全文のあらすじになる

〈参考文献〉二瓶弘行『二瓶弘行の物語授業づくり一日講座』（文溪堂）

4・5 ごんぎつね
14時間　準備物：特になし

1 「時」「場所」「人物」の観点を生かし，場面ごとのあらすじを記述する

> 場面ごとのあらすじを書いてみましょう。

> 『ある秋…いたずらをした』という感じかな？

前時の「時」「場所」「人物」の移り変わりの学習を生かして，あらすじを記述する。あらすじは，場面によって，必ずしも「時」「場所」「人物」の観点が入らないこともある。各自で表を作り，ノートに記述する。

2 あらすじを交流する

> 私は…と書いたのですが，どうですか？

交流を通して，友達のあらすじのよさに気付き，自身の記述に生かす。

✎ 交流活動は常にゴールを見据えて

　場面ごとのあらすじの交流が，ガイドブックを書くことにつながるという意識をもたせ，下書きを記述させていきます。

- **本時の目標**：あらすじの下書きの記述の仕方を考えることができる。
- **本時の評価**：あらすじの下書きの記述の仕方を考えている。

③ 場面ごとのあらすじのつなぎ方を考える

場面ごとのあらすじをつなげるときに、「場面ごとに書いたあらすじを、本文の流れに合わせて順番につなげていくこと」「接続語を効果的に使うこと」「重なりが出るときには、必要のないところを削ること」などを意識させていく。イメージがわかない子どもには、既習教材「かさこじぞう」等のあらすじの書き方を参考にして考えさせるという方法もある。

④ あらすじの下書きを記述する

左記③で学習したあらすじのつなげ方の観点を意識して、場面ごとに書いたあらすじをつなげていきたい。「ごんぎつねガイドブック」につながる大切な段階であることを意識させていく。また、どうしても思いつかない場合には「ペア交流」などの時間を確保し、すらすらできている子どものノートを参考にさせるなどの方法もある。教師がヒントを出すことも必要になってくるかもしれない。

ごんぎつね（4・5／14時間）

ごんぎつねガイドブックを作るために、あらすじの書き方について考えよう

時・人物・場所・人物の行動

場面	時	人物	場所	行動
	「いつ」	「中心人物が」	「どこで」	「どうした」
一	昔	ごん	中山から少し はなれた山の中	中山から少し昔、ごんが中山から少しはなれた山の中でいたずらばかりしていた。
前半	ある秋	ごん	村の小川	ある秋、ごんが村の小川のつつみで兵十のとったうなぎをぬすんだ。
後半	十日ほどたって	ごん 村の人	兵十の家 村の墓地 あなの中	兵十の家で兵十のおっかあのそうしきがあった。ごんはいたずらをしたことを悔やんだ。
二		ごん 兵十（赤いど）	兵十の家	ごんは、兵十にうなぎのつぐないをしていわし売りからいわしをぬすんで家の中に投げ入れた。次の日もくりを持っていった。
前半	十日ほど	ごん 兵十		
三	次の日 X（数日後）	ごん 兵十		
後半	その次の日 その次の日 その次の日	ごん 兵十		次の日、ごんは、おしろの近くの道で兵十と加助の会話を聞き、「引き合わないなあ」と思う。
四	月のいいばん	兵十 加助	おしろの近くの道	
五	ばん	兵十 加助	吉兵衛の家	
六	その明くる日	兵十 ごん	兵十の家	その明くる日、ごんはいつものようにくりを持って兵十の家へくりをくばりにいったが兵十にうたれた。

◆ あらすじの書き方
- すべて使わないこともある
- 各場面、基本一〜二文で書く
- 「時」「場所」「人物」の大切な表現をおさえる
- 各場面のあらすじを合わせると全文のあらすじになる

- 本文の流れに合わせて順番につなげる
- 接続詞を必要に応じて使う
- 重なりがあった場合、言葉をけずる

6 ごんぎつね

14時間　準備物：特になし

1 ごんの境遇について考える

　ごんを「大人のきつね」ととらえるのか「子どものきつね」ととらえるのかで，この作品の解釈が大きく変わってくる。「ひとりぼっちの小ぎつね」「昼でも夜でも，いたずらばかりしている」という第１場面の前半に記述されている人物設定については必ず押さえるようにしたい。「小ぎつね」というのは，「子ども」のきつねではない。ごんは「一人前の大人の小ぎつね」であることを全体で押さえる。

2 ごんの行動・会話から人物像を考える

　「畑へ入っていもをほり散らしたり……いろんなことをしました」などといういたずらをしている行動に関する叙述と，「わしがいたずらをして，うなぎをとってきてしまった。だから兵十は，おっかあにうなぎを食べさせることができなかった。そのまま，おっかあは，死んじゃったにちがいない。」などという後悔している会話に関する叙述をとらえさせる。さらに，いわし・くり・松たけを持っていくなどつぐないをしている行動に関する叙述にも注目させる。

📝 設定を押さえる

　ごんは，自分のことを「わし」と呼んでいます。子どもは，「小ぎつね」を「子どものきつね」と誤読することがあります。今後の読解にも大きくかかわる設定なので，確実に押さえましょう。言葉にこだわることが大切です。

● 本時の目標：叙述をもとにごんの人物像について考えることができる。
● 本時の評価：叙述をもとにごんの人物像について考えている。

❸ ごんの人物像について交流する

ごんの人物像について交流しましょう。

「ごんの人物像について交流しましょう！」と投げかけると、「兵十にいたずらをするごん」「兵十へのいたずらを後悔するごん」「兵十につぐないをするごん」「兵十に気付いてもらえないごん」「兵十にうたれるごん」などの反応が予想される。左記①②を生かして、例えば、「兵十に気付いてもらえないごんです。その理由は、加助が『毎日、神様にお礼を言うがいいよ。』と言ったときに、兵十が『うん。』と言ったからです」のように、自分が考える人物像の根拠も明確にして交流していきたい。

❹ ごんの人物像の中心文を書く

ごんの人物像の中心文を書いてみましょう。

左記③で学習した人物像の観点を意識して、ごんの人物像の中心文を記述していく。「ひとりぼっちの小ぎつね」「いたずら」「後悔」「つぐない」「うたれる」などの言葉を大切にしていきたい。「ごんぎつね ガイドブック」につながる重要な段階であることを意識させていく。

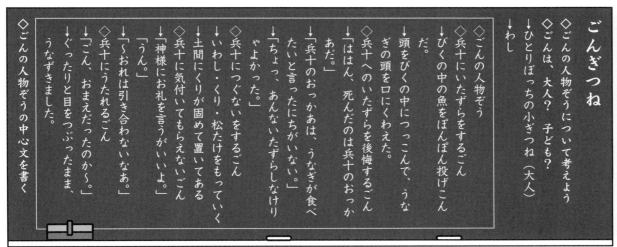

〈参考文献〉二瓶弘行『物語の「自力読み」の力を獲得させよ』（東洋館出版社）

7・8 ごんぎつね
14時間
準備物：（必要があれば）プロジェクター

① 兵十の行動・様子・会話から人物像を考える

「兵十の行動・様子・会話から人物像を考えましょう。兵十の人物像が分かる行動・様子・会話に線を引きましょう」と投げかける。「『おれあ，このごろ，とてもふしぎなことがあるんだ。』のところで，加助に不思議なことを相談しているよ！」など会話に注目させたり，「兵十は，火なわじゅうをばたりととり落としました。」などと自分がしたことを後悔している行動に注目させたりしていく。また，「ぼろぼろの黒い着物」や赤さびで鉄の部分が赤くなった「赤い井戸」など，兵十の暮らしが貧しい様子にも注目させていく。

② 兵十の人物像について交流する

「兵十の人物像について交流しましょう」と投げかけると，「いつもは，赤いさつまいもみたいな元気のいい顔をしている」「兵十は今まで，おっかあと二人きりで，まずしいくらしをしていて，おっかあが死んでからひとりぼっちになった」などの人物の設定にかかわる意見が予想される。また，「ごん，おまえだったのか。いつも，くりをくれたのは。」「兵十は，火なわじゅうをばたりととり落としました。」などと自分がしたことを後悔している行動・会話に関する叙述を交流の中でとらえさせていきたい。

📝 対人物の人物像について考える

「兵十は今まで，おっかあと二人きりで，貧しい暮らしをしていて，おっかあが死んでからひとりぼっちになった」など対人物である兵十の設定については必ず押さえるようにしましょう。

- ●本時の目標：叙述をもとに兵十の人物像と下書きの仕方について考えることができる。
- ●本時の評価：叙述をもとに兵十の人物像と下書きの仕方について考えている。

3 ごんと兵十の人物関係について考える

ごんと兵十の人物像の学習を生かして、ごんから見た兵十と兵十から見たごんなど、2人の人物関係について考えていく。いずれも、本文の叙述をもとに、理由付けをして考えていく。

4 ごん・兵十の人物像の下書きを記述する

前時や左記①〜③を意識して、ごん・兵十の人物像の下書きを記述していく。前時の板書をプロジェクターで映すなどの手立てもある。学習過程を生かして記述しているものを取り上げて、全体に紹介してもよい。

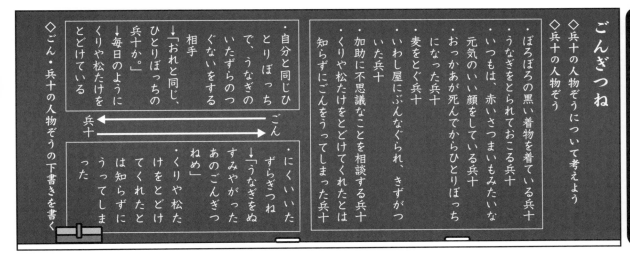

第7・8時 33

9 ごんぎつね

14時間　準備物：特になし

1 ごんが、いたずらをする理由について考える

なぜ、ごんはいたずらばかりするのでしょうか？

　ごんがどんないたずらをしたのかをとらえさせる。「なぜ、ごんはいたずらばかりするのでしょう？」と発問すると、「ひとりぼっちが寂しいから」「かまってほしいと思ったから」などの反応が予想される。ごんのいたずらは、百姓が育ててきた大切な作物をめちゃくちゃにする悪質なものであり、百姓にとっては、自分たちの苦労が水の泡になり、生活が脅かされるものであることもとらえさせたい。

2 ごんが、後悔した理由について考える

なぜ、ごんは「ちょっ、あんないたずらを…」と言ったのでしょう？

　「なぜ、ごんは『ちょっ、あんないたずらをしなけりゃよかった』と言ったのでしょう？」と発問する。「兵十のおっかあが、うなぎを食べたいと思いながら死んだのではないかと穴の中で考えたからかな…」などの反応が予想される。「ごんは、今までにも、菜種がらのほしてあるのへ火をつけるなどのいたずらをたくさんしてきたのではないですか？」と問い直す。ごんは、ひとりぼっちの小ぎつねで母親がいない。うなぎを盗んだことにより兵十の母親への思いを台なしにしてしまったことを後悔していることをとらえさせる。

✎ 叙述に基づいて考えさせる

　つぐないの仕方の変化やかげぼうしをふみふみ行く理由など、ごんの変容は本文の叙述に基づいて考えさせます。そうでないと、「寂しいから」「兵十が好きだから」といった本文中にない言葉で考えてしまいがちです。

- **本時の目標**：叙述をもとに，ごんの「いたずら」「後悔」「つぐない」などの心情変化について考えることができる。
- **本時の評価**：叙述をもとに，ごんの「いたずら」「後悔」「つぐない」などの心情変化について考えている。

3 ごんのつぐないの仕方の変化について考える

　ごんは，兵十に対してどのようにつぐないをしたのかをとらえさせたい。「いわし→投げこむ」「くり→おいて帰る」「くり→もってきてやる」「くり・松たけ→もっていく」「くり→土間に固めておく」など，置き方が丁寧になったこと，置く場所や人との距離がだんだん近くなっていることが分かる。兵十に喜んでほしい，兵十に気付いてほしい，兵十と分かり合いたいと同じつぐないでも，気持ちがだんだん強くなっていることをとらえさせていく。

4 ごんが，兵十のかげぼうしをふみふみ行った理由について考える

　「なぜ，ごんは兵十のかげぼうしをふみふみ行ったのでしょうか？」と発問すると，「くりや松たけを届けているのは自分だということに気付いてくれることに期待しているから」「兵十がくりや松たけを届けたことをどのように思っているのかを聞きたいから」などの反応が予想される。第4場面の「二人の後をつけていきました」と第5場面の「二人の話を聞こうと思って，ついていきました」を比較させていく。第5場面のほうがより距離が近くなっていて，「気付いてほしい」「話を聞きたい」気持ちが高まってきていることをとらえさせていきたい。

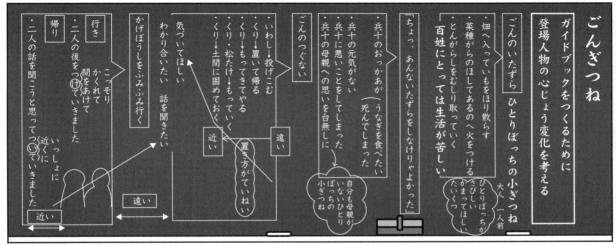

〈参考文献〉二瓶弘行『物語の「自力読み」の力を獲得させよ』（東洋館出版社）

10・11 ごんぎつね
14時間 準備物：特になし

1 ごんが、くりを持って兵十の家へ行った理由について考える

「なぜ、その明くる日も、ごんはくりを持って兵十のうちへ出かけたのでしょうか？」は、ごんの「いたずら」「後悔」「つぐない」など本文全体の流れを見直すための発問である。「ひどいことをしてしまった」「申し訳ない」などのつぐないの気持ちや、本当の自分に気付いてほしい気持ちなどが意見交流の中で出てくるようにしたい。

2 ぐったりと目をつぶったままうなずいたごんについて考える

「ぐったりと目をつぶったままうなずいたごんは、どんなことを考えていたのでしょうか」は、ごんの心情変化について考えるための発問である。「やっと分かってくれた」などのプラスイメージの意見と「どうして撃たれたの」「もっと早く気付いてくれれば」などのマイナスイメージの意見が出されることが予想される。そのとき、「そんなごんの思いを兵十が分かってくれたから、『うれしさ』でごんの気持ちをまとめていいのか」と問い直す。「うれしくもあり、悲しくもある」という意見を引き出したい。

視点の転換

p.37③では、「なぜ、兵十は、火なわじゅうをばたりととり落としたのでしょうか？」と兵十の視点から考えさせています。ここまで、ごんの視点で描かれていた物語が、兵十の視点に変わることで、兵十の「後悔」の心情をとらえさせていきます。

- **本時の目標**：叙述をもとに，目をつぶったままうなずくごんまでの心情変化について読み取ることができる。
- **本時の評価**：叙述をもとに，目をつぶったままうなずくごんまでの心情変化をとらえている。

3 兵十が，火なわじゅうをばたりととり落とした理由について考える

なぜ，兵十は火なわじゅうをばたりととり落したのでしょうか。

「なぜ，兵十は，火なわじゅうをばたりととり落としたのでしょうか？」は，兵十の視点から考えるための発問である。「こんなにつぐないをしてくれたのに」などの「後悔」の気持ちをとらえさせていきたい。くりなどを届けてくれたのは，ごんだったことに衝撃を受ける様子をとらえさせたい。

4 ガイドブックのごんの心情変化を記述する

ごんの心情変化の中心文を書きましょう。

ぐったりと目をつぶったままうなずいた「悔しい気持ち」と「つぐないに気付いてもらえたうれしい気持ち」の二つの記述があるだろう。いずれの場合でも，「登場人物の性格や気持ちの変化」の観点に基づき，記述することができるようにしていく。

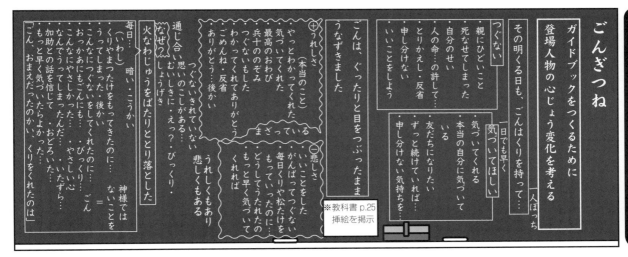

12・13 ごんぎつね
14時間
準備物：特になし

❶ 清書するために，下書きを読み合い，文章のよさや工夫点を考える

キーワードをもとに，あらすじが上手にまとまっているね！

下書きを読み合うことで，友達のガイドブックのよさに目を向け，自分のガイドブックの推敲に生かせそうな表現を見付けさせたい。「いたずら」「後悔」「つぐない」などというキーワードに着目する子どもや，教科書の叙述を上手に活用して紹介していることに着目する子どももいるだろう。自分のガイドブックも友達のガイドブックもよりよくしていこうという意識をもたせて，読み合わせる。

❷ 清書するために，友達の文章のよさ・工夫点・改善点を交流する

友達のごんぎつねガイドブックのよいところや工夫しているところ，改善点を交流しましょう。

「符号」に関するミス，文章のねじれ，伝わりにくい表現等が，改善点の中心になる。また，左記①で発見したよさや工夫点，例えば，「構成」「分かりやすい表現」などをたくさん見付けて自分の表現に取り入れることを促す。

✎ よさを取り入れて

「ごんぎつねガイドブック」をよりよくしたいという思いと図書館の来館者に見てほしいという意識を高め，「誤字脱字」「符号」関係はもちろん，友達のよさや工夫点を自分の表現に取り入れて推敲できるよう，促します。

- **本時の目標**：「ごんぎつねガイドブック」の下書きを推敲し，清書することができるようにする。
- **本時の評価**：推敲した下書きを生かして，清書の記述をしている。

3 清書を記述するために，自分の下書きを推敲する

「さっき，○○さんが言っていた△△をもう少し詳しく書いてみようかな」等の内容面に関すること，「確かに，○○さんが言うように順番を逆にしたほうがいいかもしれない」等の構成面に関することの大きく２点について推敲する。また，符号や誤字脱字，接続語，文章のつながりについても同時に推敲する。友達の文章を読んで，取り入れたい表現や視点があったら，取り入れてよいことを伝え，その場で価値付けていく。

4 下書きをもとに清書する

清書では今までの学習を生かすことができたという達成感・成就感を味わわせたい。また，推敲してよくなった記述を見付けて，価値付けていく。

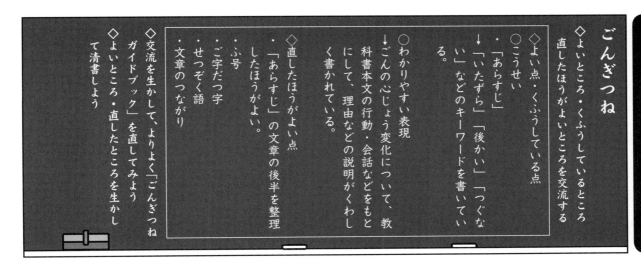

ごんぎつね

◇よいところ・くふうしているところ直したほうがよいところを交流する

◇よい点・くふうしている点
○こうせい
→「あらすじ」
→「いたずら」「後かい」「つぐない」などのキーワードを書いている。

○わかりやすい表現
→ごんの心じょう変化について、教科書本文の行動・会話などをもとにして、理由などの説明がくわしく書かれている。

◇直したほうがよい点
・「あらすじ」の文章の後半を整理したほうがよい。
・ふ号
・ご字だつ字
・せつぞく語
・文章のつながり

◇交流を生かして、よりよく「ごんぎつねガイドブック」を直してみようよ
◇よいところ・直したところを生かして清書しよう

第12・13時　ごんぎつね（12・13/14時間）

14 ごんぎつね

14時間　準備物：メッセージカード

① メッセージカードの感想の書き方を考える

「自分だったら，どんな感想を書いてもらえるとうれしいですか。」

　全員が，「ごんぎつねガイドブック」を書いているので，書き手・読み手の両方の立場の気持ちが分かるはずである。導入で，自分がもらってうれしい感想の書き方に対する意識を高めたい。「自分だったら，どんな感想を書いてもらえるとうれしいですか？」「自分だったら，どんな感想を書いてもらえると，『ごんぎつねガイドブック』を書いてよかったと思えますか？」という視点で考えさせる。

② 「ごんぎつねガイドブック」を読み合い，メッセージカードに感想を書く

「ごんぎつねガイドブックを読んだ感想をメッセージカードに書きましょう。」

　手が止まってしまう子どもには，①で学習した発言などを想起させることで，メッセージカードの感想に取り組ませる。「ペア交流」などの時間を確保し，すらすらできている子どものメッセージカードを参考にさせるなどの方法もある。

📝 観点を意識した感想交流に

　みんなで共通理解を図った観点を意識して感想を書くようにします。そうすることで，本単元の達成感・成就感を味わうことができます。

- **本時の目標**：友達が書いた「ごんぎつねガイドブック」を読み合い，感想を書いて伝えることができるようにする。
- **本時の評価**：友達の「ごんぎつねガイドブック」の内容や構成について，気付いたことや感想をメッセージカードに書いている。

③「ごんぎつねガイドブック」を読み合い，感想を交流し合う

「下書きを読んだときよりも，分かりやすくなっているよ」といった，前と比べてよりよくなったということや「ごんの心情変化の理由が，詳しくて分かりやすいです」といった，内容面が充実していることなど，今までの学習を生かすことができたという達成感・成就感を味わわせたい。したがって，教師からの価値付けはもちろん，子ども同士でよさや工夫点を語り合えるとよい。

④「ごんぎつねガイドブック」を書く学習を振り返る

「最初は，書き方が分からなかったけど，モデルを見たり，みんなで話し合ったりして，『ごんぎつねガイドブック』の書き方が分かった」という内容面の振り返りや「感想に，△△さんのごんの人物像の説明がとても分かりやすいと書いてもらえてうれしかった」という意欲面の振り返りが出されるとよい。また，学習計画をもとに，単元の流れを意識して学習してきたので，清書に今までの学習を生かすことができたという達成感・成就感を味わわせたい。

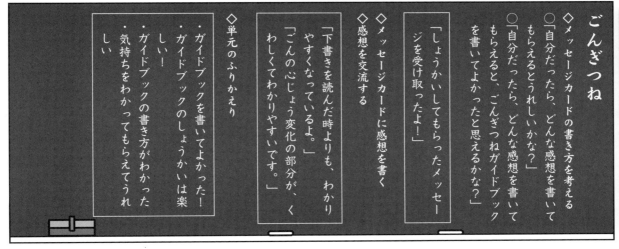

第14時 41

秋の風景

1 単元目標・評価

・秋の風景に興味をもち，それにかかわる語句を増やすことができる。
・秋の風景から想像を広げ，詩を書くことができる。

【関心・意欲・態度】…季節を感じる風景に興味をもち，見付けたことを進んで書こうとしている。
【書く能力】…秋の風景から想像を広げ，詩を書くことができる。
【言語についての知識・理解・技能】…秋の風景や様子を表す言葉を増やしている。

2 単元のポイント

教材の特徴

　古来より日本人は，四季を表す言葉を使いながら，自然に対する畏敬の念を大切にしてきた。人智を超えた自然を美しいと思える心を培うことが，豊かな言語感覚をはぐくむものとして国語科にも位置付けられている。
　大切なのは，言葉そのものを覚えるだけではなく，四季の風景や様子を表す言葉を知ったり，考えたりすることで，四季を見つめる目，心をはぐくむことにある。
　教科書の言葉を読んだり，秋の風景を表す詩を作ったりする際には，様子をイメージしながら，言葉を味わうことができるように心がけたい。

3 学習指導計画（全2時間）

次	時	○学習活動	●指導内容　◆評価　※留意点
一	1	○教科書を読み，秋の風景を表す言葉のもつイメージを広げる。 ○秋を感じた風景を思い出し，言葉を書き出す。	●教科書を読み，言葉の表す様子をイメージする。 ●秋らしい風景を想起させ，詩に使いたい言葉を集める。 ◆秋の風景や様子を表す言葉を増やしている。
	2	○秋の風景を表す詩を書き，読み合う。	●秋の風景を表す詩を書く。 ◆秋の風景から想像を広げ，詩を書くことができる。

1 秋の風景

2時間　準備物：特になし

① 学習のゴールとして秋の風景を表す詩を書くことを告げる

教科書にある秋の風景を表す語句を確かめていく前に、学習のゴールを確認しておくと、子どもは、見通しをもって学習に取り組むことができる。

教科書の例では、物を人のように表す「擬人法」や、さわさわ、しゃらしゃらといった様子を表す言葉「擬態語」を用いているよさも簡単に確かめておくとよい。

② 教科書を読み、秋の風景を表す語句についてイメージし、ノートに書き写す

一つ一つの語句について、子どもたちに問いかけたり、教師が解説を加えたりしながら季節感をイメージさせたい。

ここでは、こだわり過ぎることなくテンポよく進めたい。

また、音読した後に、ノートに書き写すようにさせる。書くことで、落ち着いてじっくりと言葉に向き合うことができる。

📝 具体的にイメージさせ、言葉に置き換える

言葉は、単に文字が集まっているだけの無意味な記号ではありません。

言葉の一つ一つには「意味」があります。では、「意味」とは何でしょうか。本単元では、その言葉からイメージした風景や様子が「意味」となります。ただ、子どもたちが頭の中でどんな映像を描いているかは、教師からは見えません。そこで、絵に描かせたり、そこからほかにどんな様子が想像できるのかを問うことで、そこに具体的なイメージがあるかどうかが分かります。

詩を書くときも、「紅葉はきれいだな」といったようなありきたりの表現に陥ってしまうかどうかは、子どもがその風景を具体的にイメージしているかどうかによります。いつ、どこで見たのか、などと問いながら、具体的な経験がそこにあるのかを見取るようにしたいものです。

- **本時の目標**：秋の風景や様子を表す言葉を増やしている。
- **本時の評価**：秋の風景や様子を表す言葉を増やすことができている。

3 秋の風景を表す言葉を挙げさせて、書き出していく

　秋の風景を詩にするために、言葉集めをする。
　活動の意図を説明したうえで、ノートに箇条書きでどんどん書かせた後、発表させる。
　山や木、食べ物、虫、その他、などとグループ分けしていくとよい。

4 次時の見通しをもたせる

　ここで、次時に詩を書くための材料を集めるきっかけをつくる。少しでも書きはじめておくと、家庭学習としても取り組みやすくなるためである。
　せっかく秋らしい風景を見つめる目を育てる学習なので、授業の中だけでなく、家に帰ってからも考えさせたい。土日をはさむなど、2、3日ほど題材集めの期間を取ると、興味をもって考えてくる子もいるだろう。

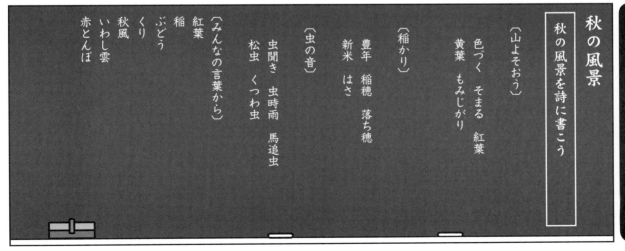

秋の風景
秋の風景を詩に書こう

〔山よそおう〕
色づく そまる 紅葉
黄葉 もみじがり

〔稲かり〕
豊年 稲穂 落ち穂
新米 はさ

〔虫の音〕
虫聞き 虫時雨 馬追虫
松虫 くつわ虫

〔みんなの言葉から〕
紅葉
稲
ぶどう
くり
秋風
いわし雲
赤とんぼ

2 秋の風景

2時間

準備物：詩を書く用紙（八つ切り画用紙を半分に切ったものなど）

① 詩にする題材を決めて、言葉を集める

前時の最後に投げかけたように詩の題材を決めたり、言葉集めをしたりする時間を取る。
　学級の実態にもよるが、本時までに思いついた題材について、ここで思い出しておくようにするとよい。
　いつ、どこで見た風景なのか、をはっきりさせるようにすると具体的なイメージをもたせやすい。

② 改めて教科書の詩を読んで、書き方のよさを確かめる

教科書の詩にはどんな工夫がありましたか。

教科書の例では、物を人のように表す「擬人法」や、さわさわ、しゃらしゃらといった様子を表す言葉「擬態語」を用いている。
　また、主語や述語をはっきりさせた文ではなく、短い言葉で表していることも確認したい。
　書かせる前に、今一度確かめておくことで、これらの詩の技法を意識させることができる。

✏️ 「心の声」をとらえて

　詩を書かせるときに、「心の中で思ったこと」を書かせてもよいのでしょうか。もちろんその子なりの表現が悪いということはありませんが、「きれいだな」「おいしいな」など、気持ちを直接表す言葉（形容詞）を用いたものは、何だかパッとしませんね。しかし、「ああ、おいしそう」となると、その子の心の動きが伝わってくるような気がします。これは、心の中で思わずつぶやいた声のようです。その子にしか書けないような「心の声」を使えるといいですね。

✏️ 詩を書き出せない子への支援

　書いてごらんと言っても、「何も思わない」と言い出す子がいるものです。そんなときに有効なのが、教科書の例にもある「会話文」です。題材だけ決まったら、そのときに人やモノが話したことを想像させるとよいでしょう。ぐっと臨場感のある詩になります。

●本時の目標：秋の風景から想像を広げ，詩を書くことができる。
●本時の評価：秋の風景から想像を広げ，詩を書くことができている。

3 秋の風景について詩を書く

決めた題材について一人一人が詩を書く。
　机間指導の際は，できるだけ子どもの表現のよさを見付け，認めるようにしていきたい。
　ほかの子にも参考になるような書き方があれば，紹介して広げていくのもよい。
　早く書き上げた子は，挿絵を描いたり，2枚目を書いたりするように指示しておくと，空白の時間が生まれない。

4 書いた詩を友達と読み合う

書いた詩を互いに読み合う機会を設けたい。
・教師が読み上げる。
・グループで読み合う。
・立ち歩いてペアをつくって読み合う。
・机に置いて立ち歩いて読み合う。
・順に回していきながら読み合う。
・黒板や壁に掲示して読み合う。
など，学級の実態に合わせて交流したい。
　本単元の後，自主的な家庭学習として推奨していくのもよいだろう。

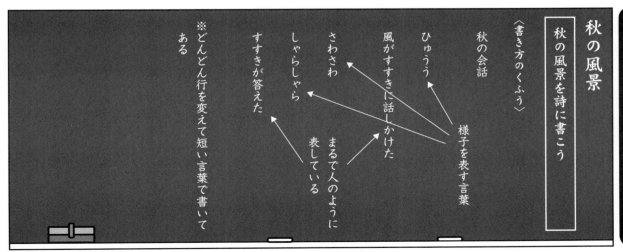

第2時　47

慣用句

1 単元目標・評価

・長年使われてきた慣用句の意味を知り，生活の中で使うことができる。

【関心・意欲・態度】…慣用句に興味をもち，進んで意味を調べたり，使ったりしようとしている。

【言語についての知識・理解・技能】…慣用句の意味や使い方を知り，文の中で使っている。

2 単元のポイント

教材の特徴

「両チームは火花を散らしています」というとき，文字通り「火花」を「散らし」ているのではない。互いに激しく争っている様子を「火花が散る」という様子にたとえ，比喩的に表現しているのだ。このように，幾つかの言葉が組み合わさったときに，その言葉の本来の意味ではなく，新しく別の意味をもつことがある。そのような使い方が日常的になり，慣例化したものが，「慣用句」である。

日常的に使われるものであるから，子どもたちも生活の中で無自覚に，耳にしたり，使ったりすることもあるだろう。本単元では，この「慣用句」について，その存在を知り，興味をもち，知らなかった慣用句を調べたり，使ったりすることで，より豊かな言葉の使い手としての資質を養うことをねらっている。

言語活動

慣用句に対して幅広く興味をもち，意味を知り，生活の中で使うことができるようになることをねらいとするには，教科書を読み，問題に答えていくだけでは不十分であろう。「知っている慣用句を出し合う」「国語辞典で調べる」「子ども用の慣用句辞典を読む」「慣用句を使った文章を書く」「調べた慣用句の意味や文例をカードに書いて交流し合う」といった活動を取り入れていきたい。興味をもった子どもは，進んで調べたり，使ったりすることで，慣用句の世界を自ら広げていくことができるだろう。

3 学習指導計画（全2時間）

次	時	○学習活動	●指導内容　◆評価　※留意点
一	1	○教科書を読み，慣用句について理解することができる。 ○教科書の問題に答えていく。	●教科書を読んで，慣用句とは何かを確かめる。 ●慣用句の意味を知らせ，使い方を確かめる。 ◆慣用句の意味や使い方を知り，使うことができる。
	2	○慣用句クイズカードを作り，友達と交流する。	●調べた慣用句の意味や文例を，カードに書くようにさせる。 ◆慣用句の意味や使い方を知り，使うことができる。

1 慣用句

2時間 準備物：国語辞典

1 「両チームが火花を散らしています」を例に，慣用句とは何かを理解する

「両チームが火花を散らしています。」と板書し，本当に「火花が散っている」わけではなく，「火花」にたとえていることを確かめたい。
　そのうえで，「幾つかの言葉が組み合わさって，新しい意味をもつようになった決まり文句」が「慣用句」という特別な使い方であることを説明する。
　3年生で学習した「ことわざ」との違いを確かめるのもよい。

2 「体や心」「動物」「植物」「片仮名」で分類される慣用句を確かめる

教科書p.32に載っている慣用句の例を，穴埋めのクイズ形式で提示する。子どもは，既に知っている慣用句もあるので，意欲的に答えるだろう。
　それぞれの慣用句の意味は，国語辞典で調べさせたり，教師が説明したりして押さえておくとよい。使い方についても，「『ぼくは，難しいパズルを解こうと頭をひねった』というように使えますね」などと，簡単にでも押さえておくと理解を図りやすいだろう。

📝 定義を知ることで面白さを深める

　「借りてきた猫」「エンジンがかかる」といった言葉を聞いたときに，その意味をイメージできる子は少なくないように思います。慣用句とは，そもそも日常的に用いられるようになった言葉だからです。しかし「『慣用句』って何？」と聞かれて，答えられる子は少ないです。「慣用句」の定義は，日常的には必要とされることは少ないかもしれません。しかし，日本語の特質として，「別の意味をもつようになった決まり文句」というものがあることは，知っておいてよいでしょう。「エンジンがかかる」というけれど，「もともと『エンジン』は，機械であって，人のやる気のことをいうわけではない」というのは，日本語の面白いところであるということを，子どもたちと確かめていけたらと思います。

- **本時の目標**：慣用句の意味や使い方を知り，文の中で使うことができる。
- **本時の評価**：慣用句の意味や使い方を知り，文の中で使うことができている。

③ 教科書 p.33 ①の問題に答えていく

　　　　　に当てはまる慣用句を選ぶ問題である。

　時間配分にもよるが，次の短文づくりにつなげていく意図もあるので，ノートに慣用句を入れた短文を書き写させるとよいだろう。

　意味についても，教師が解説したり，国語辞典を調べさせたりして押さえておきたい。

④ 慣用句を使って短文を作る

　教科書 p.33 ②に載っている慣用句の意味を調べ，短文を作る学習である。「息を殺す」という慣用句を使う際，「ぼくは，息を殺す。」と書いても，「文」としては成立しているし，文脈によっては，意味が伝わる。しかし，意味を理解して使っていることが，その一文からは伝わらない。「かくれんぼをしているとき，ぼくは息を殺して見つからないようにした。」ならば，状況が想像できるうえ，「息を殺す」→「じっと静かにしている」という意味も伝わる。

　場の状況や慣用句を使うよさが，（ある程度）伝わるような文を書かせるようにしたい。

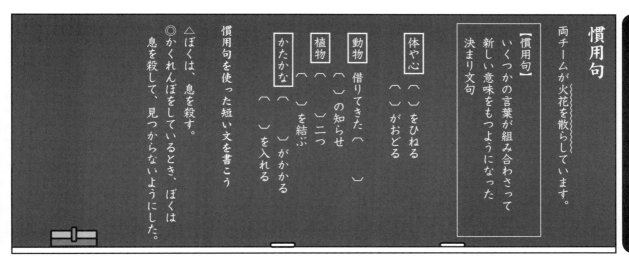

2 慣用句

2時間

準備物：慣用句クイズカードの用紙（八つ切り画用紙を４分の１に切ったもの），国語辞典，子ども用の慣用句辞典，慣用句一覧のプリント

❶ 「慣用句クイズカードを作ろう」という学習課題を確かめる

「このようなクイズカードを作ります。」

本時では，子どもたちが調べた慣用句を用いて，カードに書いて交流する活動を行う。自分から進んで慣用句を調べて，使うことを体験させたい。

本指導例では，〔　〕を埋めるクイズとなるようにした。裏には答えを書いておく。

活動にあたり，モデルとなる書き方を具体的に示すようにすると，安心して活動に取り組むことができるだろう。

❷ 改めて短い文の書き方を確かめる

「その慣用句を使う意味が伝わるように詳しい文にしましょう。」

カードに書く文の書き方について，前時のように押さえておく。

その慣用句を使う意味が伝わるように詳しい文にすることがポイント。そのためには，慣用句にふさわしい場面の様子を具体的に思い浮かべる必要があり，使い方を正しく理解していないと書くことはできない。

✎ 慣用句に親しむ活動を

本指導例では，クイズカードを作って交流する活動を展開しています。「カードを持ち歩いてペアになって交流する」「めくったら答えが分かるようにして掲示する」「全員分を縮小コピーして配布する」など様々な交流の仕方を工夫することができるでしょう。

もちろん，「家庭学習で慣用句集めを行う」「慣用句を使って４コママンガを書く」「教師が日常の中で慣用句を使うようにする」など，慣用句に親しむ活動の広げ方は無限にあります。

✎ カードを作ることに戸惑っている子への支援

「慣用句を使う意味が分かるような詳しい文を書こう」と言っても，難しい子もいるでしょう。分かりやすいのは，子ども用の慣用句辞典の用例を見ることです。イラストを用いて分かりやすく書いてあります。少しだけ変えて写させるのも有効です。

- ●本時の目標：慣用句に興味をもち，進んで意味を調べたり，使ったりしようとしている。
- ●本時の評価：慣用句に興味をもち，進んで意味を調べ，慣用句クイズカードを作ろうとしている。

❸ 慣用句クイズカードを作る

　使いたい慣用句を調べて，慣用句クイズカードを作る。慣用句を調べるには，子ども用の慣用句辞典を用いると，眺めているだけでもいろいろな慣用句に触れることができる。
　図書室で人数分確保することが難しければ，グループに1冊ずつ貸し与えるという方法もある。市販の問題集などをもとに慣用句一覧のプリントを作成して配布したり，国語辞典で調べさせたりと工夫して取り組ませたい。

❹ 慣用句クイズカードを交流する

　書いた慣用句クイズカードを互いに見せ合う機会を設けたい。友達が作ったカードであれば，子どもたちは興味をもっていろいろな慣用句に触れることができるだろう。

慣用句クイズカードを作ろう　慣用句

カードの書き方

〔　　　〕を正す
〔意味〕気持ちを引きしめる
〔使い方〕ぼくは，始業式に，〔　　　〕を正す気持ちでのぞんだ。

※きりっと立つ子どものイラストの挿絵を掲示
※うらに，答えを書く

△ぼくは，〔　　　〕を打つ
◎かれが自分の貯金を使って，老母を海外旅行に連れていったと聞き，〔　　　〕を打たれた。

慣用句（2／2時間）

2　段落どうしの関係をとらえ，説明のしかたについて考えよう

アップとルーズで伝える
［コラム］言葉で変わる写真の印象

8時間

1 単元目標・評価

・写真と文章の対応に注意して読むことができる。また，それぞれの段落のつながりや，全体の中での役割について考えて文章を読むことができる。

【関心・意欲・態度】…写真と文章を対応させ，段落相互の関係に注意して文章を読もうとしている。

【読む能力】…写真と文章の対応関係を把握するとともに，それぞれの段落のつながりや全体の中での役割を理解している。

2 単元のポイント

教材の特徴

　この教材は，写真と文章を対応させながら読み進めていくのだが，１枚の写真に一つの段落が対応しているため対応関係が明快であり，写真と文を見比べながら読むことが容易にできる。

　また，段落の構成についても，「アップ」で１段落，「ルーズ」で１段落，そのまとめに１段落と「対比してはまとめる」という明快な構成になっているため，段落の内容の中心が明確であるとともに，段落相互の関係も把握しやすい。そのため，段落をまとまりで分けたり，そのまとまりのつながりについて考えたりするのに適した教材だといえる。

　対比関係をとらえる際に手掛かりとしたいのが，文末表現や接続語である。「伝わります」と「分かります」，「しかし」と「でも」のように，同じ意味をもつ言葉が対比された二つの段落に共通して使用されていることや段落内の文章構成の類似に着目して，「アップ」と「ルーズ」の特徴を比較しながらとらえるとともに，その工夫に気付かせるようにしたい。

付けたい力

　ここでは，文章全体における段落の役割について考えながら読むことができるようにしたい。そのためには，その段落がどのまとまりに属すのか，そして，そのまとまりが文章全体でどのような役割を果たすのかを考えて読み進めていく必要がある。段落の要点をとらえるだけでなく，接続語などを手掛かりに各段落をまとまりに分けたり，まとまり同士のつながりについて考えたりするなどして，常に文章全体における位置を明確にして学習を進めることが大切である。

3 学習指導計画（全8時間）

次	時	○学習活動	●指導内容　◆評価　※留意点
一	1	○アップとルーズの写真を見て，なぜそのような使い分けがなされているのかについて考える。 ○対比の関係について知る。 ○全文を読み，「説明のしかたについて考えよう」という学習課題を設定し，学習計画を立てる。	●写真を使った説明の工夫や対比を用いた説明の工夫の仕方に関心をもたせることで，学習したいことを明らかにさせる。 ◆本文の内容や，説明の仕方の工夫に関心をもち，自分の学習したいことをもとに学習計画を立てることができる。 ※説明の仕方の工夫について考えるという目的意識をもたせる。
二	2	○1～3段落の関係について考える。	●写真と文章を対応させ，対比関係に着目させながら1～3段落の関係について理解させる。 ◆写真と文章の対応関係と，1～3段落の関係をとらえることができる。 ※文末表現，指示語，接続語に着目させ，対応関係に気付かせる。
	3	○4～6段落の関係について考える。	●写真と文章を対応させ，対比関係に着目させながら4～6段落の関係について理解させる。 ◆写真と文章の対応関係と，4～6段落の関係をとらえることができる。 ※文末表現，指示語，接続語に着目させ，対応関係に気付かせる。
	4	○7・8段落の内容について考える。	●7・8段落について，言葉に着目しながら段落の内容を理解させる。 ◆7・8段落の内容をとらえることができる。 ※小見出しを付けることで，段落及び7・8段落のまとまりの内容をとらえさせる。
	5	○各まとまりや，各段落の文章全体における役割について考える。	●1～3，4～6，7・8段落のまとまりに分け，それぞれの役割について理解させる。 ◆各まとまりや段落の役割を理解し，文章全体の構成をとらえることができる。 ※小見出しを付けることで，段落及び各まとまりの内容をとらえさせ，それをもとにして，役割やつながりについてとらえさせる。
	6	○筆者の説明の仕方の工夫について考える。	●対比と写真を使った説明の仕方を中心に，筆者の説明の仕方の工夫について理解させる。 ◆写真と文章の対応や文章構成について，改めてとらえ直し，説明の工夫について考えている。 ※工夫だけでなく，その工夫のどのような点が分かりやすいのかを具体的にさせる。
三	7	○新聞や雑誌，書籍，映像資料などで，「アップ」と「ルーズ」がどのように用いられているか調べる。	●身近な書籍や映像資料における「アップ」と「ルーズ」の用いられ方をまとめさせる。 ◆何を説明するためにどのように用いられているのか，またそのよさは何かについて具体的にまとめることができる。 ※学校図書館を活用するなどして，子どもが多数の資料から調べられるようにする。
	8	○調べたことを報告する。 ○学習を振り返り，まとめる。	●前時で調べたことを互いに報告させ，学習を通して分かったことをまとめさせる。 ◆調べたことを具体的に報告することができる。また，学習を振り返って分かったことをまとめることができる。 ※「アップ」と「ルーズ」を使った説明や，筆者の説明の工夫のよさについて考えさせる。

55

1 アップとルーズで伝える

8時間

準備物：同じ内容について「アップ」と「ルーズ」を用いた画像（教科書pp.34-35の写真も可）

1 「アップ」と「ルーズ」の使い分けについて疑問をもたせる

　2枚の画像をもとにして，子どもたちの生活経験を想起させ，「アップ」と「ルーズ」の使われ方について疑問をもたせる。教科書pp.34-35の画像でもよいが，子どもたちが興味をもっている内容の記事を取り上げたほうが，その後の学習活動に弾みをつけることができる。
　自由な発言を保障し，様々な意見を取り上げることで，子どもたちに疑問をもたせるようにする。

2 本文についての紹介と，対比についての説明をする

　ここでは，次の2点について目的意識をもたせるようにする。
　1点目は，「アップ」と「ルーズ」の使い分けについてである。先ほどの画像について，子どもたちがもった疑問を解決するために本文を読めるようにしたい。
　2点目は，筆者の説明の工夫についてである。この文章では，写真と文章を対応させたり，「対比」を使って説明したりしている。これらの工夫についても学ぶのだという意識をもたせたい。
　対比についての説明は，教科書pp.40-41下に書かれているので簡単に触れておくようにする。

説明文の学習計画を立てる際には

　単元の学習について目的意識をもたせる1時間です。子どもたちの疑問や好奇心を大切にして，意欲的に学習に取り組めるようにしましょう。
　ここでは二つのことについて，目的意識をもたせるようにします。一つ目は「アップとルーズの使い分け」であり，二つ目は写真と文章を対応させた説明の仕方や，『対比』を使った説明の仕方などといった「筆者の説明の仕方の工夫」です。
　説明文を学習する際には，文章に書かれている内容（内容価値）と，伝えたいことをどのように表現しているのか（表現価値）の2点を追求するということを念頭に置いて学習計画を立てることが大切です。

- ●本時の目標：自分の学習したいことをもとにして，学習計画を立てることができる。
- ●本時の評価：画像について話し合ったことや，本文を読んで感じたことや疑問に思ったことを進んで発表し，学習計画を立てることができる。

3 本文の範読を聞き，感じたことや疑問に思ったことを書く

範読後、感想や疑問に思ったことなどをノートに書かせる。自分の考えを明らかにする時間を十分に取って、今後の学習でどんなことを学んでいきたいのかを明らかにするようにしたい。

その際、机間指導を行い、手が止まっている子に対しては、文の内容や表現の仕方についてどの程度理解できたのかを問いかけ、疑問点を明らかにするようにさせたい。

4 学習の流れを示し、子どもの疑問や好奇心をもとに学習計画を立てる

単元の学習について大まかな流れを示し、そこに子どもたちが疑問に思ったことなどを当てはめ、学習計画を立てるようにする。どの授業で何を学ぶのかが明らかになるようにしたい。

また、ここでは8時間完了にしているが、子どもたちの実態に応じて、弾力的に時間配分をするとよい。

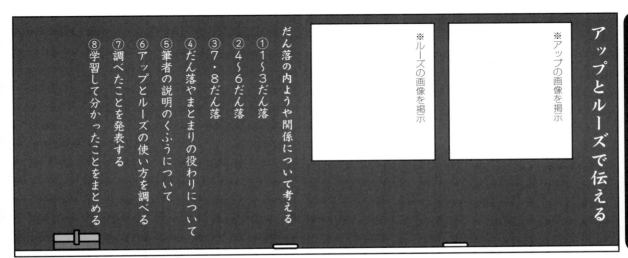

アップとルーズで伝える（1/8時間）

※アップの画像を掲示
※ルーズの画像を掲示

だん落の内ようや関係について考える
① 1～3だん落
② 4～6だん落
③ 7・8だん落
④ だん落やまとまりの役わりについて
⑤ 筆者の説明のくふうについて
⑥ アップとルーズの使い方を調べる
⑦ 調べたことを発表する
⑧ 学習して分かったことをまとめる

第1時 57

2 アップとルーズで伝える
8時間
準備物：教科書 pp.34-35の拡大画像

① 前時の内容を振り返り，本時の学習課題について確認する

前時の学習を振り返らせ，学習した内容を確認するとともに，どんな学習課題をもっていたかについても想起させる。

② 教科書 pp.34-35を読み「アップ」と「ルーズ」の撮り方についてとらえる

教科書を読んだ後に，「アップ」と「ルーズ」がどのような撮り方なのか，また，それを説明している写真と段落はどれなのかをとらえさせる。
掲示した拡大画像を示して，文章に書かれている内容の一つ一つを確認することで，写真と文章の対応について気付かせるようにする。

構成の工夫に気付かせる

　写真と文章を対応させて読むのは3年生でも既習ですが，ここで改めて確認するようにしましょう。文章に書かれていることを，掲示した拡大画像で一つ一つ確認することで，対応関係に気付かせるようにします。

　ここでは，「アップ」と「ルーズ」の撮り方を具体的に説明しています。写真と1・2段落で詳しく説明しているからこそ，3段落における「アップとルーズでは，どんなちがいがあるのでしょう」という「問い」を読み手がスムーズに受け入れられるのだという説明の工夫についてもとらえさせるようにしましょう。

- ●本時の目標：1～3段落の内容と関係についてとらえることができる。
- ●本時の評価：写真と文章を対応させて内容をとらえるとともに，1～3段落の関係を明確にすることができている。

3 1～3段落の関係についてとらえる

　説明の工夫や段落の関係について考えさせる。そのために，まずは中心となる一文を探し出させる。そして，それを説明するために各段落や写真がどのような役割をしているのかを考えさせ，話し合わせることでまとめさせる。

　考えるときの手掛かりとして，「もし，1段落がなかったら，3段落を読んだときにどんな印象を受けるでしょう」などと問いかけるとよい。

4 学習を振り返り，まとめる

　学習の振り返りをノートに書かせて発表させるなどして，1～3段落の内容と関係の2点が理解できているか確認する。

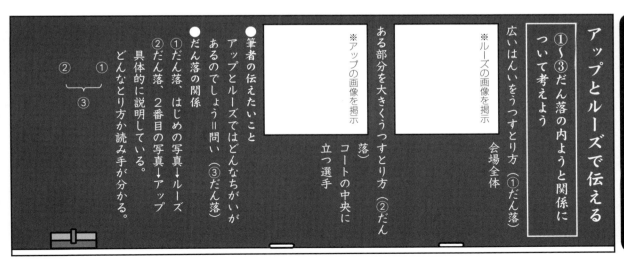

3 アップとルーズで伝える

8時間 準備物：特になし

① 第1時の学習を振り返り，本時の学習課題について確認する

はじめの時間に立てた学習計画を見て，今日はどんな学習をするのか確認しましょう。

第1時の学習を振り返らせ，どんな学習課題をもっていたか確認する。

② 教科書pp.37-39を読み「アップ」と「ルーズ」の特徴についてとらえる

「アップ」と「ルーズ」について，それぞれ伝えられるものと伝えられないものについてまとめましょう。

「分かります」「分かりません」といった文末表現や，「しかし」「でも」といった接続語に着目させ，「アップ」と「ルーズ」の特徴をとらえさせる。
4段落と5段落が同じ文章構成になっていることに着目させ，対比させながら特徴を明確にしていることを押さえておくようにする。

📝 対比を使った説明の工夫をとらえる

　対比を使った説明が最もよく表れている部分の読み取りを行います。「見てみましょう」「分かります」「分かりません」といった文末表現，「しかし」「でも」といった接続語に着目させ，同じ文章構成になっていることを押さえて，「アップ」と「ルーズ」の特徴をとらえさせましょう。

　特徴をとらえた後は，対比を使った説明の工夫について考えさせます。同じ文章構成になっていることで，特徴がとらえやすかったことや比較が容易であったという子どもたちの実感をもとにして，筆者の説明の仕方の工夫についてとらえさせるようにしましょう。

●本時の目標：4～6段落の内容と関係についてとらえることができる。
●本時の評価：写真と文章を対応させたり，対比関係に着目したりして内容をとらえることができている。また，4～6段落の関係を明確にすることができている。

❸ 4～6段落の関係についてとらえる

前時と同様に，まずは中心となる一文を探し出させる。そして，それを説明するために各段落や写真がどのような役割をしているのかを考えさせ，話し合うことでまとめさせる。

また，対比させることで，二つの違いがより明確になっていることについてもとらえさせるようにする。

❹ 学習を振り返り，まとめる

学習の振り返りをノートに書かせて発表させるなどして，4～6段落の内容と関係の2点が理解できているか確認する。

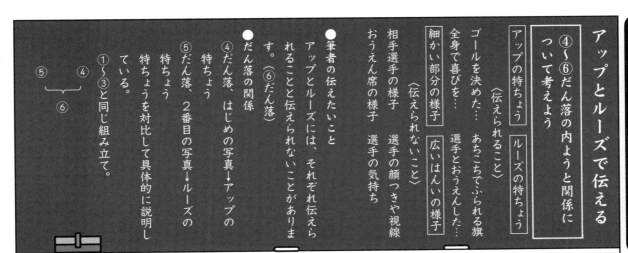

4 アップとルーズで伝える
8時間
準備物：特になし

1 第1時の学習を振り返り，本時の学習課題について確認する

第1時の学習を振り返らせ，どんな学習課題をもっていたか確認する。

2 教科書pp.38-39を読み，小見出しを付け，7・8段落の内容をとらえる

段落のはじめの文や，繰り返し使われる言葉に着目させて，段落の内容の中心をとらえさせる。その際，中心となる内容の言葉を組み合わせて，段落に小見出しを付けさせる。

繰り返される言葉に着目して

　本時は，小見出しを付けることで段落の内容をとらえさせます。小見出しを付けるためには，段落の内容の中心，つまり，その段落が何について述べているのかを把握する必要があります。

　その際に手掛かりとなるのが，段落のはじめの文と，繰り返し用いられる言葉です。段落のはじめの文に着目させるのは，通常，その段落の「話題」が記されていることが多いからです。繰り返し用いられる言葉に着目するのは，段落の内容を説明するのに必要だからこそ繰り返されているので，そこに着目すれば，何を説明したいのかをとらえることができるというわけです。なお，繰り返されるといっても，まったく同じ言葉ではなく，似た言葉で代用されることが多いという点も押さえておきましょう。

- **本時の目標**：7・8段落の内容をとらえることができる。
- **本時の評価**：段落のはじめの文や繰り返し用いられる言葉に着目して，小見出しを付けることで，7・8段落の内容をとらえることができている。

③ 7・8段落の内容をまとまりでとらえる

「このまとまりで筆者が伝えたいことは何でしょう。小見出しを見て考えましょう。」

　小見出しや本文の言葉をもとにして，7・8段落の内容をまとまりでとらえさせる。同じ言葉，似た意味をもつ言葉，7・8段落の関係に着目することで，このまとまりを通して筆者が伝えたいことについて気付かせるようにする。

④ 学習を振り返り，まとめる

「7・8段落を読んで分かったことを発表しましょう。」

　学習の振り返りをノートに書かせて発表させるなどして，7・8段落の内容が理解できているか確認する。

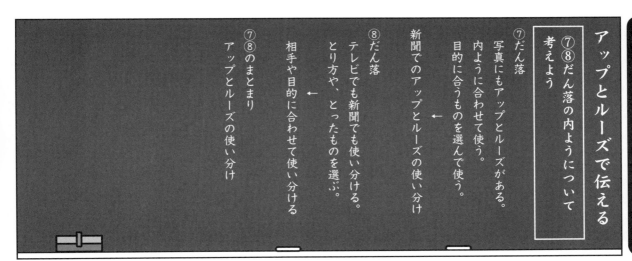

アップとルーズで伝える（4/8時間）

アップとルーズで伝える

⑦⑧だん落の内ようについて考えよう

⑦だん落
写真にもアップとルーズがある。
内ように合わせて使う。
目的に合うものを選んで使う。

新聞でのアップとルーズの使い分け　←

⑧だん落
テレビでも新聞でも使い分ける。
とり方や、とったものを選ぶ。

相手や目的に合わせて使い分ける　←

⑦⑧のまとまり
アップとルーズの使い分け

5 アップとルーズで伝える

8時間　準備物：特になし

1 第1時の学習を振り返り、本時の学習課題について確認する

第1時の学習を振り返らせ、どんな学習課題をもっていたか確認する。

2 1～3段落、4～6段落に小見出しを付け、まとまりで内容をとらえる

　段落のはじめの文や、繰り返し使われる言葉に着目させて、段落の内容の中心をとらえさせる。その際、中心となる内容の言葉を組み合わせて、段落に小見出しを付けさせる。
　付けた小見出しは理由とともに発表させることで、学級全体で共通理解を図るようにする。

📝 内容のまとまりと全体構成を押さえる

　前時で7・8段落の小見出しを付け、内容をまとまりでとらえる学習を行いました。本時では、その経験を生かして、まず、1～3段落と4～6段落のまとまりについてとらえさせましょう。その際、第2・3時の学習を振り返り、それぞれ3段落・6段落がまとめの段落だったことを思い出させ、まとめの段落を中心にして、まとまりの内容を押さえるようにしましょう。
　次に、三つのまとまりをつなげ、文章全体の構成をつかませます。その際、各段落の内容にも触れることによって、各段落の文章全体における役割を考えさせたり、段落と段落がつながって文章ができていることを実感させたりしましょう。

- ●本時の目標：各まとまりや段落の役割を理解し，文章全体の構成をとらえることができる。
- ●本時の評価：段落に付けた小見出しをもとに内容をまとまりでとらえ，文章全体の構成を理解することができている。

3 各まとまりの文章全体における役割について考え，文章構成をとらえる

それぞれのまとまりで筆者が伝えたいことは何でしょうか。

　1～3段落，4～6段落の内容について，前時と同様にまとまりでとらえさせる。その際，小見出しに着目させるとともに，3段落と6段落がまとめの段落だったことを踏まえ，その段落の内容を中心にして内容をとらえさせる。

　各まとまりを押さえたら，それをもとにして，文章全体の構成をとらえさせる。その際，各段落の内容にも触れておくことで，各段落の文章全体における役割を考えさせるようにする。

4 学習を振り返り，まとめる

今日の授業を通して分かったことを発表しましょう。

　学習の振り返りをノートに書かせて発表させるなどして，まとまりや段落の役割，文章全体の構成を理解することができているか確認する。

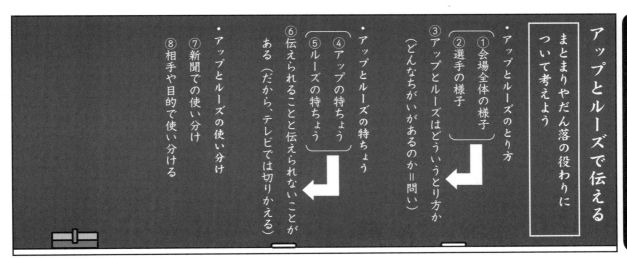

アップとルーズで伝える

まとまりやだん落の役わりについて考えよう

・アップとルーズのとり方
① 会場全体の様子
② 選手の様子
③ アップとルーズはどういうとり方か（どんなちがいがあるのか＝問い）

・アップとルーズの特ちょう
④ アップの特ちょう
⑤ ルーズの特ちょう
⑥ 伝えられることと伝えられないことがある（だから、テレビでは切りかえる）

・アップとルーズの使い分け
⑦ 新聞での使い分け
⑧ 相手や目的で使い分ける

6 アップとルーズで伝える

8時間　準備物：特になし

1 第1時の学習を振り返り，本時の学習課題について確認する

第1時の学習を振り返らせ，どんな学習課題をもっていたか確認する。

2 段落の関係図を示し，これまでの学習について振り返る

前回確認した文章全体の構成を示し，各まとまりの内容や関係について学習した際に，手掛かりとしたものについて確認することで，説明の仕方の工夫に目を向けさせる。

三つの手掛かり

　これまで本文の内容を理解するための手掛かりにしてきたものが何だったのかということを，改めてとらえ直させます。

　ここでは，数多くの説明の工夫を見付けさせるのではなく，今後，文章を読んだり書いたりする際に役立つ工夫を見付けさせることが大切です。子どもたち自身が内容を読み取る際に「分かりやすいな」「上手な説明の仕方だな」と実感した箇所に着目させ，そう感じた理由と合わせて発表させるようにしましょう。

　子どもたちは，様々な内容を筆者の説明の仕方の工夫として発表します。それぞれを柔軟に認めつつ，「写真と文章の対応」「対比を使った説明」「文章構成の工夫」の３点については，確実に押さえておくようにしましょう。

- **本時の目標**：筆者の説明の仕方の工夫について考えることができる。
- **本時の評価**：「写真と文章の対応」「対比を使った説明」「文章構成の工夫」についてとらえ直し，説明の仕方の工夫について考えることができている。

③ 全文を読み，筆者の説明の仕方の工夫について考える

自分が「分かりやすい」「上手な説明だ」と思ったところを中心にして，筆者の説明の仕方の工夫を探しましょう。

　自分が分かりやすいと感じたところを中心に，説明の仕方の工夫を見付けさせる。また，そう感じた理由についても問いかけて具体的に説明させる。
　なお，「写真と文章の対応」「対比を使った説明」「文章構成の工夫」の３点については，確実に押さえておくようにする。

④ 学習を振り返り，まとめる

今日の授業を通して分かったことを発表しましょう。

　学習の振り返りをノートに書かせて発表させるなどして，筆者の説明の仕方の工夫を具体的に挙げることができているか，また，そのよさを理解しているかについて確認する。

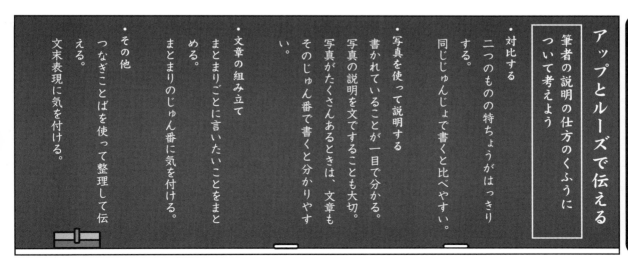

アップとルーズで伝えよう

筆者の説明の仕方のくふうについて考えよう

・対比する
二つのものの特ちょうがはっきりする。
同じじゅんじょで書くと比べやすい。

・写真を使って説明する
書かれていることが一目で分かる。
写真の説明を文ですることも大切。
写真がたくさんあるときは，文章もそのじゅん番で書くと分かりやすい。

・文章の組み立て
まとまりごとに言いたいことをまとめる。
まとまりのじゅん番に気を付ける。

・その他
つなぎことばを使って整理して伝える。
文末表現に気を付ける。

7 アップとルーズで伝える

8時間

準備物：写真やイラスト（ワークシートを用意してもよい）

❶ 第1時の学習を振り返り，本時の学習課題について確認する

第1時の学習を振り返らせ，どんな学習課題をもっていたか確認する。

❷ 「アップ」と「ルーズ」がどのように用いられているか調べる

子どもたちには，調べる際の観点をあらかじめ与えておくようにする。「何の資料で」「何を説明する（伝える）ために」「何の写真（映像）が」「どのように（「アップ」と「ルーズ」どちらか）」という点に気を付けて調べさせる。

なお，図鑑等で写真の代わりに用いられているイラストについても，ここでは写真として取り扱うようにする。

📝 個別学習の成立のために

「アップ」と「ルーズ」が，実際にどのように使われているのかについて調べます。調べるための資料は学校図書館にあるものを活用するとよいでしょう。新聞や雑誌，書籍，映像資料など，様々な情報メディアから調べさせることで，面白い発見があります。

本時では，子どもたちが個人のペースで学習を進めることになります。活動に移る前に，調べるときの注意点などを確認し，全員が活動内容を理解できているか確認しましょう。

活動中は，こまめに机間指導を行い，学習の進度を確認するようにします。その際，必要な内容を書き込めるようになっているワークシートをあらかじめ用意しておくと，全員の足並みをそろえて学習を進めることができるのでおすすめです。

- **本時の目標**：「アップ」と「ルーズ」の使われ方を調べることができる。
- **本時の評価**：何の資料で，何を説明するために，どのような用いられ方をしているのか，また，そのよさは何かということを考え，記録することができている。

3 調べたことを記録する

「何の資料で」「何を説明するために」「何の写真が」「どのように」使われていたのかについて，「どう思ったのか」記録させる。単体での使用だけでなく，組み合わせについて記録してもよい。

ワークシートを用意しておくと，時間短縮になるだけでなく進度が確認しやすい。

早く終わってしまう子については，二つ目，三つ目を記録させるよう指示する。

4 学習を振り返り，まとめる

次時では，調べたことを口頭でグループに発表することをあらかじめ伝え，調べた内容が明確になっているか，自分の考えたこととの整合性がとれているのかという点で，自分の記録を確認させ，内容を整理しておくようにする。

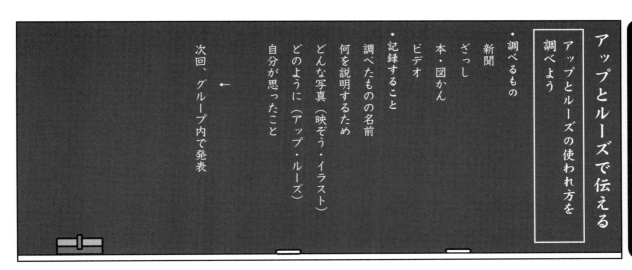

アップとルーズで伝える

アップとルーズの使われ方を調べよう

・調べるもの
　新聞
　ざっし
　本・図かん
　ビデオ

・記録すること
　調べたものの名前
　何を説明するため
　どんな写真（映ぞう・イラスト）
　どのように（アップ・ルーズ）
　自分が思ったこと

　← 次回、グループ内で発表

第7時 69

8 アップとルーズで伝える

8時間

準備物：特になし（前回使用したのなら，調べたことを記録したワークシート）

1 第1時の学習を振り返り，本時の学習課題について確認する

第1時の学習を振り返らせ，どんな学習課題をもっていたか確認する。

2 調べたことをグループで発表する

4～8人ぐらいのグループをつくって，調べたことについて発表させる。その際，発表者については，記録用紙を棒読みするのではなく，相手意識をもって伝えられるように意識付けするとよい。また，聞き手に対しても，感想や質問を述べられるようにメモをしながら聞くよう指示しておく。

発表で気を付けること

　前時で調べたことをグループ内で発表させます。人数は4～8人程度で，聞き手が集中して聞ける人数を学級の実態に応じて選択するとよいでしょう。

　発表の際には，次のことに気を付けましょう。まず，話し手には，大きな声ではっきりと発表させます。普段は元気な子でも，発表となると途端に声が小さくなってしまう子もいます。顔を上げて全員に聞こえる声で話すよう意識付けましょう。また，聞き手には，姿勢を意識させましょう。正しい姿勢をとり，話し手の目を見て聞くだけで，自ずと集中して聞くことができます。できるだけメモを取りながら聞き，よい点や疑問点を挙げられるようにします。

　日々の生活に生かせるよう，学習の中でしっかり指導しておくことが大切です。

- ●本時の目標：調べたことを報告することができる。また，学習を通して分かったことをまとめることができる。
- ●本時の評価：調べた内容や自分の考えを明らかにして報告できている。また，写真を使った説明や対比を使った説明等について考えをまとめることができている。

3 単元の学習を振り返り，分かったことをまとめる

「アップとルーズで伝える」で学習したことを振り返って，分かったことをノートに書きましょう。

「アップ」と「ルーズ」の使い分けだけでなく，対比を使った説明の仕方や，段落相互の関係について考えたことなど，これまでの学習について振り返らせる。その後，分かったことをノートに書かせる。

書く時間を十分に確保して，落ち着いて取り組めるようにしたい。なお，まとめたものは，指名して発表させてもよい。

4 次の学習の予告をする

次回からは，この学習で学んだことを生かして，分かりやすく「書く」学習をします。

今回，「読み手」だった自分が感じたことを生かして，次の学習では分かりやすく書くよう意識付けたい。

アップとルーズで伝える

調べたことを発表しよう
- 発表すること
- 調べたものの名前
- 何を説明するため
- どんな写真（映ぞう・イラスト
- どのように（アップ・ルーズ）
- 自分が思ったこと

学習のまとめ

第8時 71

説明のしかたを工夫して，分かりやすく伝える文章を書こう

「クラブ活動リーフレット」を作ろう　8時間

1 単元目標・評価

・書こうとすることの中心を明確にして，写真と文章を対応させながら，段落相互の関係に注意して文章を書くことができる。

【関心・意欲・態度】…写真と文章を組み合わせて，分かりやすく伝わる工夫したリーフレットを作ろうとしている。

【書く能力】…自分の考えが明確になるように，工夫しながら書こうとする。

2 単元のポイント

教材の特徴

　本教材では，身近な話題であるクラブ活動について取材し，クラブ活動を知らない人にも分かりやすく伝えるための文章の組み立て方と，文章と写真とを対応させて文章を書くことを学習する。先行単元の「アップとルーズで伝える」で学んだ写真の効果的な使い方や，文章構成の仕方を生かしてリーフレットで伝える活動である。子どもにとって身近なものを課題とすることで，興味・関心が高まる。また，「伝える相手」「伝える内容」を話し合い，相手意識や目的意識を明確にすることによって，「書きたい」という思いや願いをもつことができるだろう。取材メモを作成し，インタビューしたり写真を撮ったりするときには，「どんな取材をするとよいのか」「どのような写真を撮ればよいのか」と教師が投げかけるようにしたい。さらに，プロの作成したリーフレットを提示することで，「活動全体の写真（ルーズ）」と「ある部分に着目した写真（アップ）」が，効果的に使われていることや，見出しの付け方や文章の書き方を学ぶこともできる。

付けたい力

　身近なことを説明する文章を書く活動では，その事柄のよさは何かと考えたり，そのよさを伝えるためには，どのように表現すればよいか考えたりすることが大切となってくる。活動を通して，身近なことをこれまでと違った角度から見ることで考え方を広げたり，考えを深めたりする力を育てたい。また，「書き手が存在する」ということは「読み手が存在する」ということである。書き終わった後には必ず，それぞれの書き方のよさを認め合い，学び合う場を設定することで，さらによりよい文章を書きたいという態度や姿勢を育てたい。

3 学習指導計画（全8時間）

次	時	○学習活動	●指導内容　◆評価　※留意点
一	1	○学習課題をつかみ，単元の見通しをもつ。 ○リーフレットの形式を確認する。	●クラブ活動のリーフレットを作ることを知る。 ●モデルリーフレットから，リーフレットのよさについて話し合う。 ◆写真と文章を組み合わせたり，具体例を挙げたりして説明することに関心をもち，学習の見通しをもつ。 ※リーフレットを複数用意して，よさをたくさん見付けるようにする。
二	2 ・ 3	○自分が伝えたい相手と内容を決める。 ○クラブ活動のよい点を取材する。	●クラブ活動について伝えたい相手を決め，クラブ活動のよさについて話し合う。 ●選んだクラブ活動について，取材メモを作り，取材したり，写真を撮ったりする。 ◆聞きたい内容を整理して，説明したい内容を取材する。 ※取材メモに，インタビューしたい項目や写真のイメージなどを書いてから取材するようにしたい。
	4	○説明したい内容とそれに合った写真を選ぶ。 ○文章の組み立てを考える。	●取材メモをもとに，説明したい内容をカードに書き，文章の組み立てを考える。 ●説明したい内容と対応した写真かどうか，考えながら写真を選ぶ。 ◆自分の考えを明確にして，説明したい内容を選び，文章の組み立てを考えている。 ※取材メモをもとに書いたカードを操作しながら考えることで，伝えたいことを，より分かりやすく伝えるための組み立てを考えるようにしたい。
	5 ・ 6	○クラブ活動の楽しさを分かりやすく伝えるための書き方について考える。 ○リーフレットの形式に合わせて，説明する文章の下書きを書く。	●組み立てメモや教科書の例文を見ながら，下書きをする。 ◆選んだ内容と写真を対応させて，説明する文章を工夫して書くことができる。 ※教科書の文例の書かれ方について話し合うことで，どのように工夫するとよいのか考えるようにしたい。
	7	○下書きをもとに，リーフレットの内側の文章を清書する。 ○リーフレットの表紙を書く。	●下書きをもとに，写真と対応させながらリーフレットの内側の文章を清書する。 ●様々なリーフレットを見て，表紙を工夫して書く。 ◆文章を読み返し，分かりやすく伝えるために工夫しながら書くことができる。 ※内側については形式を示すが，外側（表紙）については，自由に工夫させるようにしたい。
三	8	○完成したリーフレットを友達と読み合い，感想を伝え合う。	●友達とリーフレットを読み合い，よい点を伝え合う。 ◆書いた文章を読み合い，説明を工夫して分かりやすく書けていたか，感想を伝え合うことができる。 ※子ども全員が，なるべく同じ人数の友達から感想を伝えられるように方法を工夫する。

1 8時間　「クラブ活動リーフレット」を作ろう

準備物：モデルリーフレット（個人用，グループ用），付箋

❶ リーフレットのよさを見付ける

提示した資料が，リーフレットであることを伝え，モデルとなるリーフレットのよさを，付箋に書いていくようにする。文章の書き方，写真の提示の仕方，見出しなど，いろいろな視点からリーフレットのよさを見付けることで，後の活動にも生かすことができる。まずは，たくさん見付けることを課題とし，意欲を高めるために，「なるべくたくさん見付けましょう」「〇〇さんは，付箋でいっぱいになりましたね」などと声をかけるとよい。

❷ リーフレットのよさをグループで話し合う

3，4人のグループで，リーフレットのよさを話し合う。グループには，モデルとなるリーフレットの内側と外側を拡大したプリントを配布しておく。左記①の活動において，個人で書いた付箋を，そのグループの拡大リーフレットに貼りながら話し合うようにする。各々の付箋が貼られることで，友達のよいと思ったことや，自分では気付かなかったことなど，話合いの結果が分かりやすくなる。

身近なモデルを活用する

　書くことの活動の多くは，読み手を意識して表現や構成を自分で工夫することが課題となってきます。教科書に載っている文章例や教師自身が書いたものをモデルとして提示することが一般的ですが，リーフレットや新聞，ポスターなどを書く際には，ぜひ専門家が書いたものをモデルとして示すとよいでしょう。私たちの身の回りには，パンフレットやリーフレットがたくさんあり，相手意識や目的意識を明確にして文章や資料で伝えています。教師自身が，生活の中でリーフレットを目にしたときに，「このリーフレットのよさはなんだろう」「この写真の使い方はいいな」と考えることで，子どもが書くときにも生きた指導を行うことができます。

●本時の目標：モデルとなるリーフレットのよさに気付き，単元の学習課題「説明の仕方を工夫して，分かりやすく伝える文章を書こう」を追究する意欲をもつことができる。
●本時の評価：モデルリーフレットのよさについて話し合うことができている。

❸ リーフレットのよさから形式を知る

各グループで出し合ったものを，全体で共有するための方法が幾つか考えられる。
①黒板に各グループの拡大リーフレットを貼り，グループの代表が話合いの内容を紹介する。
②各グループの机に，拡大リーフレットを置いておき，子どもは他のグループのものを自由に見て回る。
③ワールドカフェ形式で，意見を交流する（ワールドカフェとは，代表１人がグループに残り，他の班のメンバーに話合いの内容を伝える方法である。また，他のグループで聞いてきたことを，自分のグループで伝えることでたくさんの情報を共有できる）。

❹ 単元の学習課題を把握する

「学校には，どんなクラブがありますか」「クラブのよさを伝えたい人は？」と投げかけることで，相手意識と目的意識を明確にして学習に取り組むことができるようにする。中には，「モデルリーフレットのようにはたくさん書けない」と苦手意識をもつ子どももいると考えられるので，教科書 p.44にあるような簡単な例を提示するとよい。

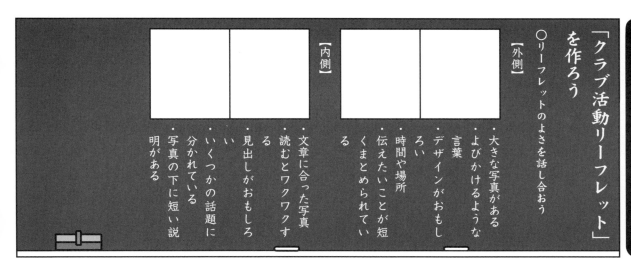

第1時 75

2・3 「クラブ活動リーフレット」を作ろう

8時間　準備物：デジタルカメラ，Ａ３の紙

1 クラブ活動を説明したい相手を決める

ここでは，「誰かに紹介したい」という気持ちから，「誰に紹介するか」という意識にさせる必要がある。
T「クラブ活動について，誰に説明したいですか？」
C「来年，４年生になってクラブがはじまるから３年生に伝えたい」
C「地域の人が教えに来てくれている。こんなに楽しく活動してます，と伝えたい」
T「自分たちが感じているよさや考えていることが，相手に伝わることが大事ですね」
説明したい相手だけでなく，その理由も出し合うとさらに相手意識が高まる。

2 説明したい内容を話し合う

ここでは，説明したい内容が，活動内容の紹介に留まることがないようにしていきたい。全員が，説明したい内容を漠然とでもいいのでもつようにする。
（例）
①１人１枚カードを配り，説明した内容を個人で書く。
②一人一人発表していく中で，教師は大まかに分類する。
説明したい内容が思い浮かばない子には，「クラブ活動でどんなことをしましたか？」と出来事を尋ねて，それについて書かせてもよい。

相手意識と目的意識の明確化がかぎ

　説明するためには，相手意識は欠かせないものです。クラブ活動について知らない相手に対して，「自分が体験して感じたクラブ活動の魅力」を紹介するのだという意識にさせる必要があります。自分が３年生のとき，「クラブ活動に対してどのように思っていたか」「体験した人にしか分からない魅力は何か」などを考えることで，自分たちの体験がいかに面白いもので，紹介に値すべきことだという気持ちを高めていけるとよいでしょう。また，前時で学習したリーフレットのよさについて再度触れることで，読み手である自分たちが感じたことを，今度は書き手として発信するのだという気持ちにさせることもできると思います。

● **本時の目標**：説明したい相手を意識して，クラブ活動のよさを取材する。
● **本時の評価**：聞きたい内容を整理して，説明したい内容を取材している。

❸ クラブ活動のよさを取材する

　自分が体験して考えたことだけではなく，取材することで，新たに気付くこともある。取材するときには，取材メモを活用すると取材することが苦手な子どもでも活動に対する苦手意識が軽減されるだろう。また，取材するときの話し方などもここで練習したり，尋ねる内容を明確にしたりすることが大切である。
・「活動する場所について教えてください」
・「何人で活動していますか」
・「どんな物を使っていますか」
・「○○クラブのよさは何ですか」
・「活動していて面白いことは何ですか」

❹ 取材した内容をまとめる

　取材してきた内容を見直すことで，「取材した内容で説明することができるか」「使いたい写真があるか」などを考えることができる。写真については，「アップとルーズで伝える」で学習したことを思い出し，「アップ」と「ルーズ」のものを使い分けることで，説明の仕方を工夫できることに触れるようにしたい。
　また，同じクラブを取材した友達がいれば，取材内容を交流してもよい。

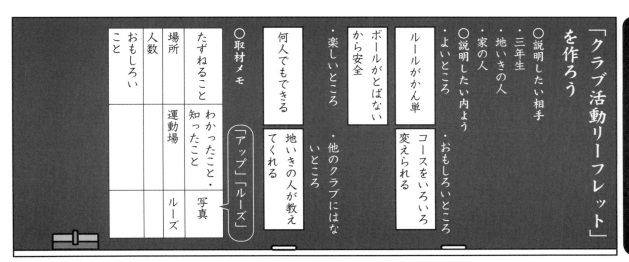

第2・3時　77

4 「クラブ活動リーフレット」を作ろう

8時間
準備物：取材メモ，写真，取材カード用の短冊，ワークシート（p.230）

① 取材メモから説明したい内容を選ぶ

取材をして，分かったことを取材カードに書いていく。ここでは，取材した内容を取材カードに書き表し，カードを操作しながら内容を選ぶようにする。取材カードとは，短冊のような用紙に伝えたい内容を一文で書き表したものである。短冊に分けて書くことで，文章の組み立てを考えるときに，入れ替えがしやすくなる。また，一文で表現することにより，詳しい内容をもっと知りたいという気持ちが出てくる。内容が自分でも分かりやすいように，取材して分かったことは黄色，取材して思ったことはピンクなどと，カードの色を変えることも一つの手立てである。

② 説明したい内容に合った写真を選ぶ

取材カードを机に並べたら，それに対応した写真を選ぶ。このとき，ペアやグループでアドバイスする時間を設けてもよい。
C「地域の人が教えてくれている写真がいいから，これにしたよ」
C「全体を撮ったものではなくて，教えている様子がよく分かるように，近くで撮った写真がいいと思うよ」
C「たくさんの人と対戦することができるから，試合している写真にしようと思うんだけど…」
C「試合の写真と，対戦表の写真を載せたらどうかな？」

✏ 文章構成の型を学ぶ

　教科書の参考となる組み立て表は，はじめと終わりで自分の考えを述べる総括型となっています。自分の考えを述べる際には，今回のような総括型のほかに，頭括型・尾括型といった構成があります。4年生段階では，これらの文章構成や型の名前を教えて覚える必要はないかもしれません。しかし，「『はじめ』と『終わり』に自分の考えが書いてあるから，考えが分かったうえで，説明を読んでいけますね」「自分の考えが二度繰り返してあって，伝えたいことの中心がよく分かりますね」と今回のような総括型の文章構成のよさを折に触れて，考え伝えていくことは重要なことでしょう。ここで学習した文章構成の型が，説明文の学習のときにも生かされるようにすることが大切です。

- ●**本時の目標**：説明したい内容を取材メモや写真から選び，「はじめ」「中」「終わり」の構成で文章の組み立てを考える。
- ●**本時の評価**：自分の考えを明確にして，説明したい内容を選び，文章の組み立てを考えている。

③ 文章の組み立てを考える

ここでは，文章の組み立てを考えていく。
　はじめに書いた取材カードを並べ替えながら，文章の組み立てを考えるようにする。取材カードを貼ることができるようなワークシートを用意しておき，そこに並べながら組み立てメモを作っていくとよい。この際，「はじめ・中・終わり」を意識しながら考えさせることが大切である。

④ 組み立てメモを読み返し，本時の学習を振り返る

組み立てメモを読み返す際には，以下のことを示しながら確認するとよい。
・「はじめ」に自分の考えが書かれているか。
・「中」には，自分の考えのもとになった内容が書かれているか。
・「終わり」には，「中」を受けて，再び自分の考えが書かれているか。
・写真と内容は対応しているか。

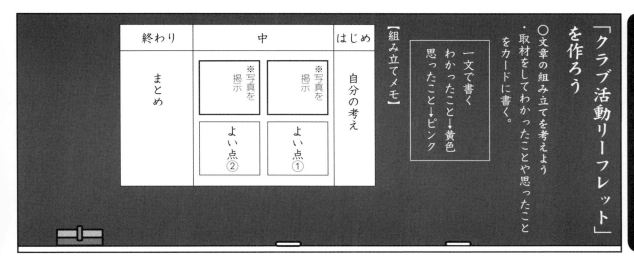

5・6 「クラブ活動リーフレット」を作ろう
8時間
準備物：教科書pp.46-47の文章例を拡大したプリント，付箋

❶ 文章を書くときに気を付けることを確かめる

これまでの書くことの活動を振り返り，気を付けることを確認するようにする。
・文の終わりを「です。」「ます。」でそろえる。
・大事なことを落とさないように書く。
・内容を知らない人が読んでも分かるように説明する。
・読み手を引き付ける見出しを考える。
・文章や文字に間違いがないか確かめる。
・組み立てを考えて書く。
・自分の考えがはっきりと伝わるように書く。
　これらは，4年生の書く活動の中でこれまでに学習してきたことである。

❷ 教科書pp.46-47の文章を読み，書き方のよさを話し合う

　「文章の書き方でよいところは？　気付いたことは？」と尋ねられても，なかなか見付けることができない子どももいる。ここでは，教科書の文章例の書かれ方のよさをグループで見付ける方法をとる。教科書pp.46-47の文章を拡大したプリントをグループに1枚用意し，そのプリントに各々が見付けたよさを付箋に書いて貼っていく。できあがったものを，全体で共有することはもちろん，自分たちが説明する文章を書く活動の時間には，教室内に掲示しておき，常に振り返ることができるようにしたい。

📝 子どもに提示するモデル文は

　書く活動の際には，教科書には参考となる文章が載っていることがほとんどです。多くは，その文章から学びながら活動を進めていきます。しかし，時には教師がモデルとなる文章を書き，「先生が書いてみたよ」と提示すれば，子どもの興味・関心，学習への意欲はさらに高まることでしょう。教師自身が文章を書くことで，子どもに付けさせたい力が明確になり，学習展開の中の子どもへの指導のポイントが見えてきます。
　また，いつも完成された文章を提示するのではなく，「何だか，物足りないな…」と思うような文章を用意するという方法もあります。このような文章をあえて用意することで，子どもは，「ここに，写真があると分かりやすいのでは？」「見出しがあるといい」と，工夫を考えていくことができます。

- 本時の目標：組み立てメモをもとに、クラブ活動について説明する文章を書く。
- 本時の評価：選んだ内容と写真を対応させて、説明する文章を工夫して書くことができている。

③ 前時に組み立てたメモをもとに、内容を工夫して下書きを書く

　教科書の文章例から学んだことをもとに、分かりやすく書くことを意識して書かせるようにする。
〈分かりやすく書くためには〉
・はじめ・中・終わりの構成
・写真と文章を対応させる
・伝えたいことが伝わる写真
・写真の説明を詳しく
　下書きの途中で、よいと思った表現や書き方については、教師が紹介していくことが大事である。

④ 書いた文章を読み返す

　文章を読み返すときには、推敲のポイントを明示するとよい。
・自分の考えをはっきり書いているか
・説明が足りないところはないか
・意味が分かりにくいところはないか
・文字の間違いはないか
・句読点を正しくつけているか
・段落のはじめは１字下げているか
・習った漢字を使っているか
　また、友達同士で交換して読み合い、よいところを学び合うことも大切な機会である。

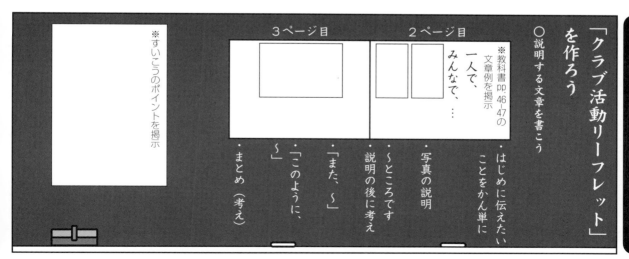

第５・６時　81

7 「クラブ活動リーフレット」を作ろう

8時間

準備物：モデルリーフレット，リーフレット用の紙（Ｂ４の画用紙，コピー用紙など）

1 本時の学習内容を確認する

「リーフレットを完成させましょう。」

　学習内容を確認する際には，再度読み手がいるということを強調するとよい。下書きを読み直してよりよい表現にしたり，字を丁寧に書いたりすることなど，基本的なことでも，伝えることで子どもたちの意識は変わる。
Ｃ「たくさん置いてあるリーフレットの中から選んでもらえるようにしたい」
Ｃ「表紙を工夫すると手に取ってもらえるよ」
Ｃ「字がきれいにまっすぐ書けていると，すてきなリーフレットに見える」
などの意見を全体に広めることが大切である。

2 説明の文章を清書する

「まとまりごとに段落を分けて…」

　説明の文章の型を示すことで，書くことが苦手な子どもも書きはじめることができる。下書きでは，段落のはじめを１字空けることができていても，清書では詰めて書いてしまったり，文をまっすぐ書くことが苦手だったりする子に対しては，個別の支援が必要である。用紙に，文章を書くための線を引いておいたり，大まかな枠を書いておいたりすることで，書きはじめることができるようになるだろう。

🖉 苦手意識の強い子への支援

　メモを書けても，文章に表すのが苦手な子どももいます。日頃から子どもをよく観察し，どの程度なら書き進めていけるのかを把握しておくことも大切です。以下に手立てを紹介します。
①文型を示して，空欄に自分が調べた内容を当てはめる方法
　　（　　　）クラブには，（　　　　　）する楽しさがあります。
　　上の写真は（　　　　　）しているところです。
②教師と子どもが対話しながら考えを引き出し，教師が文章化していく方法
　Ｔ「この写真は何をしているところですか？」→Ｃ「みんなで作戦を考えているところ」
　　→Ｔ「この写真は，みんなで作戦を考えているところです」→Ｃ　文章を書く
③表側，裏側，内容を別々の紙に書き，それを貼り合わせて完成させる方法
　　大きな１枚の紙を見ると，意欲が低減してしまう子に効果的です。

- **本時の目標**：文章を読み返し，間違いを正したり，よりよい表現に書き直したりしながら，リーフレットを作る。
- **本時の評価**：文章を読み返し，分かりやすく伝えるために工夫しながら書くことができる。

❸ 表紙を工夫して書く

　モデルリーフレットを提示して，表紙を工夫して書くことができるようにしたい。読み手を，「リーフレットを開いて読みたい！」という気持ちにさせるような工夫ができるとよい。
C「表紙を見たときに，中も見たいなと思えるようにしたい」「どんなことが書いてあるのか，短い言葉で書いたらどうだろう」「大きく絵を描くと，リーフレットを手に取ってもらえるかもしれない」
　友達とペアやグループになり，アイデアを出し合うことも一つの手立てである。

❹ 清書したリーフレットを読み返す

　文章表記に間違いはないかを確かめるために，書いたものを声に出して読んでみるとよい。下書き時の推敲のポイントを再度示すことで，さらによりよい表現にしようとすることができる。
　また，工夫して書くことができている子を見付けたら，どんどん紹介したい。紹介することで，子どもの書くことへの意欲は高まる。また，友達の書き方のよさを認め，それを自分のものに生かすことはすばらしいことだとたびたび伝えていくことで，友達から学ぶことができるようになっていく。

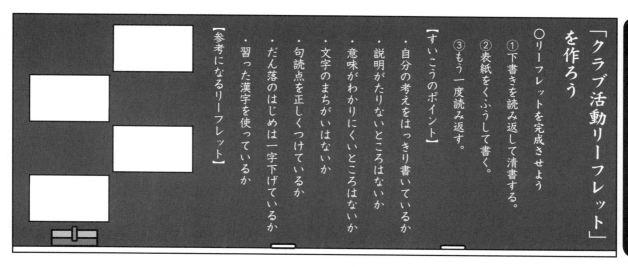

8 「クラブ活動リーフレット」を作ろう

8時間

準備物：リーフレット，感想用紙

1 本時の学習内容を確認する

なるべくたくさんの友達のリーフレットを読むことができるようにするとともに，書き手によって，読み手の人数に偏りがないように工夫したい。
〈交流活動の例〉
①3，4人のグループで，互いの文章を交換して感想を伝え合う。時間を設定すると，意欲も持続する。
②自分の机上にリーフレットを置いておき，感想用紙を持って，読みたい友達の机に行き感想を書く。
③一人一人リーフレットを示しながら，全員の前で紹介する。実物投影機などを使って拡大して見せられるとよい。

2 友達のリーフレットを読み，感想を書く

文章を読み合わせる際には，読むときの観点を示すとよい。よいところをたくさん伝え合うことで，今後の書く活動への意欲にもつながる。
〈観点の例〉
・説明の分かりやすさ
・具体例
・写真の使い方
・表紙の書き方
・読み手を引き付ける言葉
・考えのまとめ方

交流の効果と留意点

書き手が存在すれば，必ず読み手も存在します。特に，国語の学習においては，読み手を意識した書く活動が大切になってきます。よって，書いたものはみんなで読み合い，互いのよさを学び合う場を設定する必要があります。また，読んだ感想は口頭で伝えることもよいですが，感想用紙に書くと，書き手が後で読み返すことができ，次の活動にも生かすことができます。

交流の際に気を付けたいことは，推敲にならないようにすることです。交流のねらいは，お互いのよさから学ぶことです。アドバイスの時間を設けたい場合は，成果物が完成する前の，構成を考える時間や下書きの時間に行うようにしましょう。

- ●本時の目標：書いた文章を読み合い，説明を工夫して分かりやすく書けていたか感想を伝え合う。
- ●本時の評価：書いた文章を読み合い，説明を工夫して分かりやすく書けていたか，感想を伝え合うことができる。

③ リーフレットを読んだ感想を伝え合う

　友達のリーフレットのよいところについて，自分が書いた感想をもとに，伝え合う。書き手のところに行って，直接伝えたり，学級全体で「○○さんのリーフレットは…」と，特によいと思った友達について発表したりするとよい。なるべくたくさんの人に読んでもらい，たくさんの人に感想を伝えてもらうことで，書いたことへの達成感や満足感が得られるようになる。また，作品のよさを認めてもらうことで，書くことへの自信につながるだろう。

④ 伝え合ったことを振り返り，学習の感想を書く

　伝え合ったことを振り返ることで，学習の成果を子ども自身が感じる必要があるだろう。取材，構成，下書き，清書，交流という活動の中で，自分が学んだことを書きとめておくことも大事である。また，学習の感想をお互いに伝え合う時間を設けることで，学級全体に書くことへの前向きな姿勢を育てていきたい。

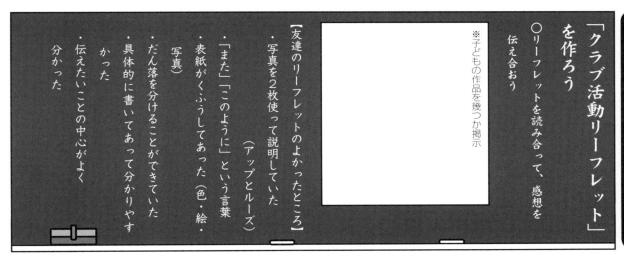

第8時　85

声に出して楽しもう

短歌・俳句に親しもう（二）

1時間

1 単元目標・評価

・文語調の響きや五七調の調子に関心をもち，リズムに気を付けながら音読することができる。
・文語調の響きやリズムを感じ取り，情景を想像しながら音読することができる。

【関心・意欲・態度】…文語調の響きや五七調の調子を楽しみ，リズムをつかんで声に出して読もうとしている。

【読む能力】…好きな短歌・俳句を選んで，文語調の響きや五七調のリズムを感じ取ったり，季語に着目したりして，情景を想像しながら音読している。

2 単元のポイント

教材の特徴

　本単元は，短歌三首，俳句三句で構成されている。どの短歌・俳句においても，日本を代表する作家が書いたものであり，表現のすばらしさや言葉の響き，リズムの楽しさを味わうことのできる作品である。文語や難語句があるものの解説や補足を行うことで，子どもは，作品に描かれた情景を想像しながら読むことができる。文語調で書かれた短歌・俳句は，一見難しそうに見え，抵抗感を感じる子どもがいるはずである。そのため，多くの子どもが表現のすばらしさやリズムの楽しさを実感できるよう季語やリズムに着目させ，しっかり声を出して読むことが必要な教材である。

言語活動

　単元の終末には，「ミニ句会」（「ミニ句会」は，自分が選んだ短歌・俳句を5，6人のグループで，簡単なスケッチで表した想像した情景とともに発表する会）を開く。この活動を通して，楽しく，声に出して読むことをねらいとする。そして，文語調で書かれた短歌・俳句に対する抵抗感を取り除き，親しませたい。

3 **学習指導計画（全1時間）**

次	時	○学習活動	●指導内容　◆評価　※留意点
一	1	○教師の範読を聞く。 ○季語に着目し，六つの短歌・俳句を春夏秋冬に分ける。 ○自分が気に入った短歌・俳句を一つ選び，ワークシートに丁寧に視写する。 ○視写したワークシートの空いている箇所に，想像できる情景を絵で表す。（スケッチ程度） ○「ミニ句会」を開き，自分の選んだ短歌・俳句を読む。	●範読を行った後，難語句の解説を行う。 ●季語に着目させ，春夏秋冬に分けることで，短歌・俳句を比べながら読むこと，情景をイメージさせやすくする。 ●情景を絵で表す際に，絵のうまい下手は問わない。17音，31音の短い文からどんなものが想像でき，どのような風景が見えるかを子どもに自由に表現させる。 ※机間指導の際，困っている子どもがいたら，季語に着目させることや出てきている言葉から場所を示すことで，情景を想像しやすくする。 ◆好きな短歌・俳句を選んで，文語調の響きや五七調のリズムを感じ取ったり，季語に着目したりして，情景を想像しながら音読している。 ◆文語調の響きや五七調の調子を楽しみ，リズムをつかんで声に出して読もうとしている。

1 短歌・俳句に親しもう（二）

1時間

準備物：俳句を短冊に書いたもの（黒板掲示用），視写用ワークシート（p.231）

❶ 六つの短歌・俳句を春夏秋冬に分ける

まずは，どの子でも発見しやすい季語に着目させ，六つの短歌・俳句を季節ごとに分類させる。季語に着目することは，情景を想像する第一歩となる。

❷ 自分が気に入った短歌・俳句を視写する

「一番を選ぶ」という活動は，他の短歌・俳句と自然と比べることになる。他の短歌・俳句と比べる活動は，子どもの思考を促すことになる。
　この単元では，文語調の短歌・俳句に解説が書かれているため，子どもは，自力で「自分にとっての一番」を探すことができる。一番を選ぶ際に，必ず選んだ理由を書かせておくことも大切である。

表現する場を設定する

　この単元では，子どもが短歌・俳句を何度も声に出して読むということが必要です。言い換えれば，教師が短歌・俳句を読まなければならない状況（表現する場）をどのように設定するかが大切となります。今回の単元では，季語に分類，一番を選ぶ活動，情景を絵に表す活動，ミニ句会を開き短歌・俳句を披露する場など，たくさんの表現する場を設定しました。

- **本時の目標**：文語調の響きや五七調の調子に関心をもち，リズムに気を付けながら情景を想像して音読することができる。
- **本時の評価**：文語調の響きや五七調の調子を楽しみ，リズムをつかんで声に出して読もうとしている。好きな短歌・俳句を選んで，文語調の響きや五七調のリズムを感じ取ったり，季語に着目したりして，情景を想像しながら音読している。

❸ 想像した情景を絵で表す

短歌・俳句は，読み手が感じた風景や感動を17音，31音の中に表現している。読者は，短い文の中に込められた風景や感動を解釈することが必要となる。そのため，今回は，情景を絵で表すという活動を取り入れる。場合により，絵で表す際に，同じ短歌・俳句を選んだ子どもをグループにして，グループごとに絵で表すことで，授業の中で解釈の交流もできる。

❹ 「ミニ句会」を開き，短歌・俳句を読み合う

「ミニ句会」では，自分が気に入った短歌・俳句を表した情景の絵ごとに発表する。発表後には，聞き手がコメントをする時間を確保する。そのことにより新たな解釈が生まれたり，読み方の工夫について相互評価を行ったりすることができる。そのため，グループは，5，6人が望ましい。

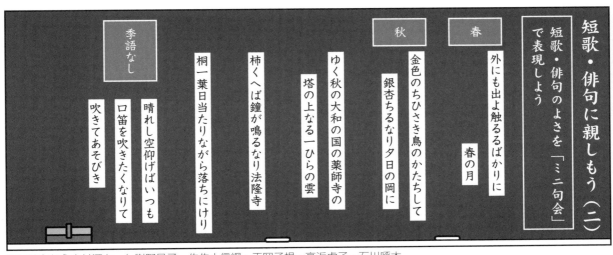

作品は右から中村汀女・与謝野晶子・佐佐木信綱・正岡子規・高浜虚子・石川啄木

3 心に残ったことを感想文に書こう

プラタナスの木

8時間

1 単元目標・評価

・場面の移り変わりや出来事，登場人物の心情を，言葉や表現に気を付けて読むことができる。
・心に残ったことや感じたことなどを感想文に書くことができる。

【読む能力】…場面の移り変わりや出来事，登場人物の心情を，言葉や表現から読み取っている。
【書く能力】…心に残ったことや感じたことなどを，感想文に書いている。

2 単元のポイント

教材の特徴

　子どもたちにとって，「プラタナスの木」は物語世界に入り込みやすく，叙述をもとに想像を広げやすい教材である。例えば，おじいさんに関する叙述の中で，「公園のできるずっと前からプラタナスのことを知っているみたいだ。」（教科書 p.54）や「木が切られてから，おじいさんは公園にすがたを見せなくなっていた。」（教科書 p.58）など，不思議に思われるものが幾つかある。これらの叙述から，子どもたちはおじいさんの正体について，様々な読みをする。言葉，表現をもとに読み，想像を広げる力を付けるには適した教材であるといえる。

言語活動

　単元の後半では，心に残ったこと，感じたことを感想文に書く活動を取り入れる。主題を読み取り，自分の言葉で表すという，高学年の学習につながるものである。感想文を書かせるにあたって，以下の三つのことを意識させたい。

　一つ目は，「引用を使う」ということである。物語のどの部分を読んで，そのような感想をもったのかを明らかにするとともに，引用の仕方を学ぶ。

　二つ目は，初読の感想との変化を自覚させるということである。友達と読解を進めていく中で，自分１人では見付けられなかった言葉のつながり，違う観点の読み方に気付き，それらを感想文に表す。

　三つ目に，同じ物語を読み，同じ授業を受けてきたとしても，個々がもつ感想は違うということを実感させたい。多様な読みを認め合い，その違いの面白さを味わうことのできる子どもを育てていく。

3 学習指導計画（全8時間）

次	時	○学習活動	●指導内容　◆評価　※留意点
一	1	○通読する。 ○初読の感想を書き，伝え合う。	●通読し，意味の分からない言葉があれば，意味を伝える。 ◆感想を書いている。 ※書くことができない子どもには，個別に声をかける。
	2	○「時」「場」「人物」「出来事」を中心に，各場面をまとめ，物語全体の流れをとらえる。	●言葉や表現を手掛かりに，「時」「場」「人物」「出来事」を表にまとめさせる。 ◆全体の流れを表にまとめることができている。 ※「時，場，人物」に関しては，カードに記入しておいて，選択させる形をとる。
	3	○物語の「はじめ」と「終わり」で，「変わったこと」と「変わらないこと」について考える。	●物語の「はじめ」と「終わり」で「変わったこと」と「変わらなかったこと」は何かを叙述をもとに考え，プラタナス公園への思いを読み取らせる。 ◆「はじめ」と「終わり」の場面を比較し，叙述をもとに，「変わったこと」と「変わらなかったこと」をとらえ，発表することができる。
	4	○この後，マーちんたちはまたおじいさんに会えたかどうかを話し合う。	●おじいさんに会えたかどうかを話し合うことを通して，マーちんたちのおじいさんへの思いを読み取る。 ◆「会えた」「会えない」の立場を明確にし，自分の考えを述べることができる。
二	5	○この物語を読んで，心に最も強く残ったことや感じたことを一文で書く。	●物語を読んで，心に最も強く残ったことや感じたことを一文で表現させる。 ●感想を抱くもとになった箇所に，線を引かせる。 ◆一文で表すことができている。
	6	○引用を使って，感想文の「はじめ」と「中」を書く。	●引用の仕方を知り，引用を用いて感想文を書かせる。 ◆引用の仕方を理解している。 ◆感想文の「はじめ」と「中」を書いている。 ※教師が感想文を書き，具体的な引用の仕方を示す。
	7	○感想文を交流する。	●感想を伝え合う中で，同じ物語を読んでも，人によって感じることは違うことに気付かせる。 ◆自分の感じたことと比べながら，友達の感想を聞いている。
	8	○「初読の感想」と今の感想を比べ，自分の読みの変化を自覚する。	●自分の中での読みの変化を自覚し，感想文の「終わり」を書かせる。 ◆自分の読みの変化に気付き，感想文の「終わり」の部分を書いている。

1 プラタナスの木

8時間　準備物：特になし

1 範読を聞く

読み方の分からない漢字はふりがなを書き、意味の分からない言葉があれば印をつけましょう。

教師が物語を読む。読み方の分からない漢字は振り仮名を書き、意味の分からない言葉があれば印を付けるように伝えた後、範読をする。

2 音読をする

分からない言葉の意味を確認した後、子ども自身が個別に音読をするようにする。読み終わっても時間を無駄にすることがないように、何度も繰り返し音読するように指導する。全員が一度音読を終えた頃を見計らって、ストップをかける。

📝 目的に応じた音読活動を

（1）一斉に声をそろえて読む、（2）バラバラに自分のペースで読む（3）個々のペースだが、声量を落として読む（4）黙読する…など、音読の仕方は様々です。上記②の学習活動では、（3）を選択しました。全員が最後まで読み終えるのを確認できるように、近くで教師が子どもの音読を聞き取りながら、小さな声で音読をさせるのです。

- **本時の目標**：物語を初めて読んだ感想を伝え合うことができる。
- **本時の評価**：物語を初めて読んだ感想を書いている。

③ 初めて読んだ感想を書く

　本単元の最後には，物語を読解した後，感想を交流するというゴールを設定した。読解前の感想と，読解後の感想を比べることができるように，初読の感想をノートに記録しておく。書けない子のために，「面白かったところは？」「不思議に思ったことは？」「みんなで話し合いたいことは？」など，感想を書く観点を与えて書くようにしていく。

④ 感想を交流する

　感想が書けたら，まずはペアやグループで発表し合い，発言の機会を保障する。その後，全体で交流する。「おじいさんの存在」について，関心をもつ子どもが多い。本文にも，その根拠となるような叙述があり，「おじいさんが何者か？」という話合いは盛り上がる。

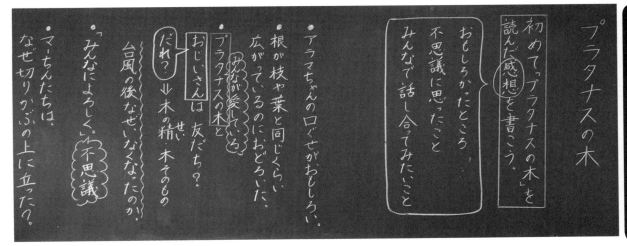

第1時　93

2 プラタナスの木
8時間
準備物：「時」「場」「人物」を書き込んだカード

1 場面に分ける

時，場，人物，のどの観点で場面が分けられていますか。

　教科書では，場面と場面の間に空行がある。その区切りで場面を分けることができる。子どもたちは，「時」「場」「人物」の三つの観点で場面が構成されていることは学習済みである。各場面のはじめに，時を表す言葉があるので，「時」を基準に場面が分けられていることには，気付きやすい。

2 各場面の「時」「場」「人物」を確かめる

　黒板に表を書き，出来事の流れを大きくとらえられるようにする。1からすべて書き込んでいくと，時間がかかる。そこで，今回は，「時」「場」「人物」はあらかじめカードに記入しておき，選択する形をとる。また，第1場面には，物語の大まかな設定が書かれており，他の場面と性質が違うことをあらかじめ子どもたちに伝えておく。

✏️ ノート？ ワークシート？
　授業で何かを書かせる際，ノートに書かせるのかワークシートを準備して書かせるのか，迷うときがありませんか。ワークシートをいつも準備してしまうと，ノートにまとめることのできない子どもを育ててしまうおそれがあります。子どもたちの実態や授業の展開，目的に合わせて，ノートに書かせていくのか，ワークシートを準備するのかを判断することが大事です。

✏️ 色分けで視覚的に理解させる
　本時では，「時」「場」「人物」のカードをあらかじめ用意します。このとき，同じ色のカードに書くのではなく，それぞれ色を変えて3色のカードを用意しておきます。特別な支援を要する子だけでなく，勉強が苦手な子，話を聞くのが苦手な子など，すべての子どものためにも，色で「時」「場」「人物」のカードを区別できるようにしておくことは有効なことなのです。

94　プラタナスの木

- ●**本時の目標**：各場面の「時」「場」「人物」「出来事」をまとめ，物語全体の流れをとらえることができる。
- ●**本時の評価**：各場面の中心となる出来事をとらえ，表に書くことができている。

③ 各場面の中心となる出来事をノートに書き，発表する

　「時」「場」「人物」を確認できたら，各場面の中心となる「出来事」を，子どもたちに考えさせ，ノートに書かせる。

　この物語は，マーちんの視点で描かれている。出来事をまとめる際には，「〜したマーちん」という形でまとめさせてもよい。

④ 黒板をノートに整理する

　黒板の表をノートに写し，整理する時間を最後に取る。このとき，黒板を写す以上のことをしようと子どもたちに呼びかける。黒板には書かれていない教師や友達の言葉を書いたり，自分の考え直したことなどを吹き出しで書いたりなど，「プラスα」が大事であることを伝え，習慣化させていく。

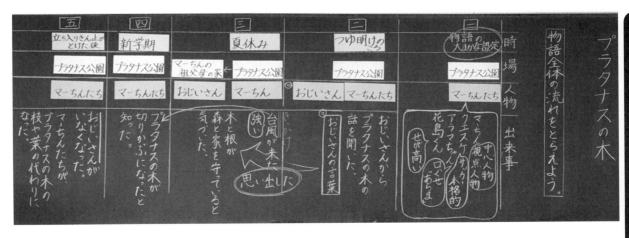

3 プラタナスの木

8時間

準備物：教科書 p.50 と p.59 の挿絵の拡大，又は大型モニターに映し出す画像

1 本時の課題を把握する

教科書 p.50，p.59 の挿絵を提示する。
教師「この2枚の絵で，同じところと違うところは何でしょう」
子ども「木が切りかぶになっているのが違う」「4人が笑顔で仲良しなところは同じ」などと引き出したところで，「ほかにも物語のはじめと終わりで変わったことと，変わらないことはありますか？」と問いかける。

2 「変わったこと」と「変わらないこと」をノートに書き，発表する

言葉のつながりに気を付けて考え，発表させる。常に言葉，表現を意識させたいので，子どもの発表の後に，「何ページのどこを読んで分かったのですか？」と問い返すようにする。
また，「〇ページに書いてあるように…」などと，発表できた子どもは分かりやすい発表であるとほめる。

✎ 発言の根拠を常に確認する

　子どもの考えの根拠を本文に求めるという習慣をつけていきましょう。この時間では，上記②の学習において，叙述に基づいて発言させるように特に意識をします。そして，教師がしっかりと評価することが大事です。根拠をしっかり述べることができている子ども，発言の仕方が上手な子どもは，その都度取り上げ，「発言の仕方のどんなところがよかったのか」というところをほめてクラス全体に広げるようにしましょう。そうすることで，少しずつ発言の仕方も上手になっていきます。

- **本時の目標**：物語の「はじめ」と「終わり」で、「変わったこと」と「変わらないこと」について、叙述をもとに読み取り、プラタナス公園への思いを読み取る。
- **本時の評価**：言葉、表現を根拠に、「変わったこと」と「変わらないこと」をとらえ、発表している。

3 マーちんたちのプラタナス公園への思いを考える

ひと通り子どもたちの意見を出し終えたところで、「『ぼくたちのプラタナス公園は変わらない』とありますが、先生はたくさん変わったと思うのですが？」と揺さぶりをかける。
マーちんたちがプラタナス公園に対して、どんな思いをもっているのかを読み取らせる。

4 ノートに1時間の学びを整理する

前時と同じように、ここでも45分の新たな気付きなどをノートに書くよう、再確認する。

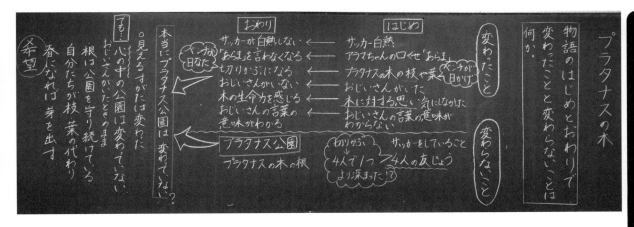

第3時　97

4 プラタナスの木
8時間　準備物：特になし

① 第5場面を音読し、続きの場面を想像する

教師「第5場面の音読が終わったら、その続きの第6場面も考えてみましょう」
　音読を終えるとともに、続きの第6場面もその流れで考えさせていく。ここで想像をふくらませ、右記②以降の学習へとつなげていく。

② 「会えた」「会えない」の自分の立ち場を明確にし、考えをノートに書く

　「みんなが考えた第6場面では、マーちんたちはおじいさんに会えましたか？　会えなかったですか？」と問いかけ、「マーちんたちはおじいさんに会えただろうか？」という課題をノートに書かせる。そして、「会えた」「会えない」の立場を明確にし、自分の考えとその根拠を書かせていく。「そもそもおじいさんは何者なのか？」ということもあわせて考えさせたい。

📝 オープンエンドの話合い

　話合いの着地点がはっきりしていないことを話し合うことはよくあります。その際、何でもありにならないように気を付けていきましょう。ここでは、「根拠をもとに自分の考えを伝える」というところにねらいがあります。子どもたちに根拠をはっきりさせて述べるよう、意識付けていきましょう。また、この話合いの面白いところは、話し合っていくうちに自分の考えが変わったり、新しいものが生まれてきたりすることです。話合いの後に、自分の考えの変化を認識させることも大事なことです。

- **本時の目標**：おじいさんに会えたかどうかを話し合うことを通して、マーちんたちのおじいさんへの思いを読み取る。
- **本時の評価**：自分の立場を明確にして、考えを伝え合い、書くことができている。

3 マーちんたちはおじいさんに会えたかどうかを話し合う

話合いの中で、他者の意見を受け入れる姿勢を子どもたちにもたせたい。よいと思えば、それを受け入れる聞き方をさせていく。

この話合いは、まとめようとせず、オープンエンドの形で終える。

4 話合いを終えた自分の考えをノートに書く

話合いを通して、自分の考えを見つめ直し、結果としてそれが強化されたり、変わったり、新たな発見があったりする。その変化を自覚させるためにも、最後にノートに書かせる。

また、この変化があるからこそ、集団で学ぶことは楽しいし、意義のあることだと日々子どもたちに伝えていきたい。

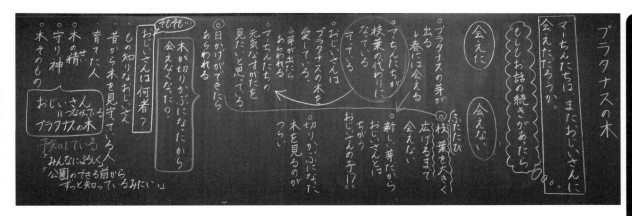

第4時 99

5 プラタナスの木

8時間 準備物：特になし

1 これからの学習課題を把握し，全文を音読する

教師「これから，物語の最も心に残ったことについて，感想文を書いていきます」
　単元後半の学習課題について確認し，活動の見通しをもつ。

2 感想を一文で表す

　この物語を読んで，心に最も残ったこと，感じたことを一文で表す。一文が長くなってしまう子どもがいるので，なるべく短く表すように指導する。うまく書けない子どもには，以下の三つのパターン（分類）を示して一つ選ばせるとよい。
・「疑問系」
・「おどろき・発見系」
・「感動系」

✏ 子どもの感想を予想する

　子どもたちの感想は，大きく次の五つのテーマに分けられると思います。「自然について」「プラタナスの木について」「プラタナス公園について」「おじいさんについて」「マーちんたちについて」。授業を進めていくうえで，子どもたちがどんなことを書きそうかを予想をすることは大事なことですし，授業力を上げていくことにもつながります。目の前の子どもたちがどんなことを考えるか，しっかりと考える習慣をつけていきましょう。

✏ 書く前に話すことで苦手意識を取り除く

　同じ表現するのでも，「話す」より「書く」ことを苦手とする子どもは多いです。「書く」前に友達に話すことで，今，自分がどんなことを考えているのかをはっきりさせる手立てが有効です。

- **本時の目標**：本文の根拠を示しながら，感想を一文で表すことができる。
- **本時の評価**：本文の根拠を示し，感想を一文で書くことができている。

③ 一文で表した感想と関係の深い叙述に線を引く

　後の，引用につながるところである。自分はなぜそういった感想を抱いたのか，根拠を本文に求めていく。国語では，何となくの想像ではなく，根拠を叙述に求めていく習慣をつけていかなければならない。

④ 一文で表した感想と線を引いたところをグループで伝え合う

　次時以降，実際に感想を書いていく。その前に，自分がどんなことを考えているのかを，以下のように友達に話をさせる。
　「わたしは，〜が心に残っています。（〜が不思議に思いました。）その根拠は，〜〜のところです」
　次時の書く活動に，少しでもスムーズに入れるようにするためである。

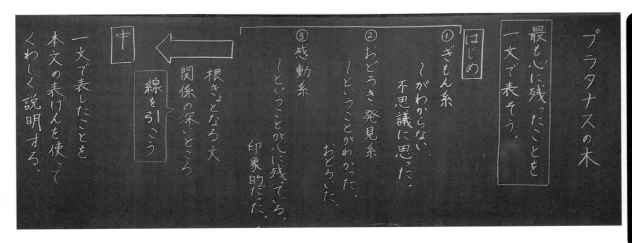

6 プラタナスの木
8時間

準備物：400字詰めの原稿用紙，国語辞典

1 本時のめあてを確認する

感想文は，「はじめ」「中」「終わり」の三部構成にする。そのうち，本時では「はじめ」「中」を書く。
教師「今日は，感想文の『はじめ』『中』『終わり』の『はじめ』と『中』を書きます」
「はじめ」には，前時に書いた一文の感想を，「中」には，引用とそこから感じた詳しい感想を述べる。

2 引用の方法を知る

引用という用語の意味を，国語辞典で調べさせる。その後，引用したい部分を，そのまま写して「　」で括り，その後に何ページにあったのかを（　）内に記す，と指導する。

🖉 早く書き終えた子どもへの指導

　本時のようなまとまった文章を書かせると，早く書き終える子どもと時間のかかる子どもとがいます。早く書き終えた子どもが時間を持て余さないよう，子どもたち同士で推敲をできるようにしておくとよいでしょう。「誤字脱字がないか」「原稿用紙の使い方を間違えていないか」などの観点を示し，書き終えた子どもたちが声をかけ合って推敲する習慣をつけましょう。

- **本時の目標**：引用の仕方を知り，本文を引用して感想文を書くことができる。
- **本時の評価**：引用を使って感想文の「はじめ」と「中」の部分を書くことができている。

3 感想文に表す

　感想文のイメージがつかめない子どもがいるかもしれない。その子どもたちのために，書き出しの型を示したり，教師がお手本を示したりすることも，時には必要である。気を付けなければならないのは，その型や手本に縛られないようにすること。必ずそのようにしなくてもよいということは，子どもたちに伝えておく。

4 推敲し合う

　自分の文章を読み返し，推敲ができたら，p.102「早く書き終えた子どもへの指導」でも述べているように，子どもたち同士で推敲し合うようにする。その間に，教師は机間指導をし，鉛筆の進まない子どもに声をかけていく。

📖 書き出しの型の例

わたしは、マーちんたちが切りかぶの上に立って木のみきや枝になったそう思ったのは、「マーちんは大きく息をすって、青い空を見上げた。」（五十九ページ）というところに、おじいさんへのマーちんの思いが表れていると思います。手を広げて、空にむかって、「プラタナス公園は、ぼくが守っていくよ。」とおじいさんによびかけている気がします。

7 プラタナスの木
8時間

準備物：前時に書いた感想文，聞き取りワークシート

1 友達の感想の「聞き方」を知る

友達の感想の聞き方を，以下のように指導する。
①友達は物語のどういうところが心に残っているか（何のテーマについて興味をもっているのか。おじいさん？　マーちんたち？　自然のこと？　など）。
②「自分と似ているのか？　違うのか？」同じテーマであっても，感じていることは違うはずである。
上記を伝え，感想を交流したい。

2 感想を伝え合う

感想を学級全体で発表し合うと，それだけで1時間が終わってしまう。今回は，3，4人のグループで発表し合うようにする。その際，学級の実態に合わせて，メモを取らせることもさせたい。
教師は「後で，グループの友達がどんな感想文を書いていたか聞かせてもらいますね」と呼びかけ，スタートする。

✎ 比べながら聞く

　「自分の考えと比べながら友達の考えを聞くこと」は，4年生以降の学習の中で徐々に付けていきたい力です。国語の学習のみならず，他教科の中でも，「比べながら聞く」ということは求められます。
　子どもたちはよく，「同じか違うか」という軸で聞きがちです。そのようなときは，子どもたちに「本当に同じですか？　自分の言葉でも説明してごらん」と声をかけましょう。確かに，似ていることはありますが「同じ」という枠で括ってしまうと，微妙な差異が見えにくくなってしまいます。それを防ぐためにも，同じと思っていても自分の言葉で語らせることは必要です。「おじいさんの存在が不思議だと思ったところは同じだけど，その根拠となった部分は違うよ」などと，細部にこだわった聞き方を習慣化させていきます。

- ●本時の目標：自分の感想と友達の感想を比べながら聞くことができる。
  　　　　　　感想文を交流する中で，同じ物語を読んでも人によって心に残ること，感じることは
  　　　　　　違うということを知る。
- ●本時の評価：友達の感想を聞き，自分の感想と「似ている点」「違う点」を見付けている。

3 聞き合った後の感想を交流する

「私は，○○のことが最も心に残ったけど，〜さんは△△のことが最も心に残ったそうです」「私は○○と思っていたけど，〜さんは△△と読み取っていて，なるほどと思いました」などと，自分の考えと比べながら友達の感想をクラス全体に伝える。

4 次時の予告を聞く

次の時間に「終わり」の部分を書いて完成させます。

次の時間には，感想文の「終わり」の部分を書いていくことを伝える。本時の友達の感想を聞いて，なるほどと思ったことや，自分の考えにはなかったことが感想文に書けるよう記録しておく。

聞き取りワークシートの例

あいざわ　ゆうたさん	きのした　ひとみさん	ささき　けんたさん	友だちの名前
マーちんのこと	自然のこと	おじいさんのこと	感想のテーマ
(にている)　・　ちがう	(にている)　・　ちがう	にている　・　(ちがう)	にている？ちがう？ どんなところが 　にているか？ 　ちがうか？

第7時　105

プラタナスの木（7/8時間）

8 プラタナスの木

8時間
準備物：前時までの感想文

❶ 本時のめあて,「終わり」の部分に書くことを知る

感想文の「はじめ」「中」「終わり」の構成を板書して確認する。「終わり」の部分には,
①自分の初読の感想と比べて, 読みが変化したこと（変化した, 新しい考えが生まれた, 強化されたなど）
②友達の感想を聞いて, なるほどと思ったこと
③もっと考えたいと思っていること
を書く。

❷ これまでの学習を振り返り, 自分の読みの変化を自覚する

学習前に感じていたことと, 今感じていることとの違いに気付いたり, 友達の考えを思い出したりするために, ノートを振り返らせる。そのために, 初読の感想を書いたり, 読解の時間にノートを整理する時間を設けたりしてきた。振り返ることができるようにノートを書いているということも, ここで子どもたちに意識付けをさせたい。

✏️ 友達の感想も参考にできる雰囲気に

　学習活動の中で,「自由に読み回る」という手立てを施します。書き終わった子どもは, 友達がどんなことを書いているのかを読みに行きます。鉛筆が進まない子どもは, 友達がどんなことを書いているのかを参考にします。注意しなければならないのは, 学級の雰囲気が, 互いに見合うことができる状態であり,「たくさんの友達に見られる」ことについて子どもたちの了解を得ておくことです。また, 一部の子どもに偏ることなく, いろいろな子どものところに見に行くように指導しておきましょう。

- **本時の目標**:「初読の感想」と今の感想を比べたり，友達の考えを振り返ったりすることで，自分の読みの変化を自覚する。
- **本時の評価**: 読みの変化に気付き，感想文の「終わり」の部分を書いている。

3 「終わり」の部分を書き，感想文を完成させる

　振り返りながら，書く内容が定まったら，「終わり」の部分を前時までの続きに書いていく。
　書き終わった子どもの時間を有効に活用するために，机の上に感想文を置いたまま，友達の席に読みに行く。教室には，まだ書いている子ども，書き終えて読んで回る子ども，様々な状態である。

4 発表する

　時間の許す限り，何人かの子どもに発表させる。
　最後に，教師がこの単元学習を振り返って，子どもたちが特にがんばっていたこと，子どもたちに付いた力を語って，終えたい。この時間に発表できなかった子どもの感想文は，掲示するか，隙間の時間に紹介するとよい。

📖 子どもの感想文

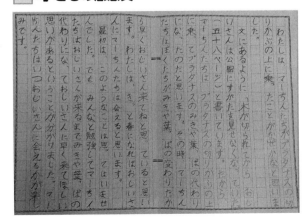
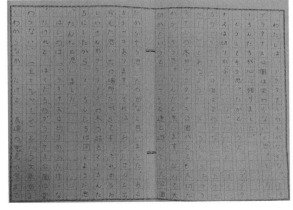

漢字の広場④

1 単元目標・評価

・3年生までに配当されている漢字を書き，文の中で使うことができる。

【関心・意欲・態度】…絵に描かれている様子を想像し，文に表そうとしている。
【言語についての知識・理解・技能】…提示された漢字を正しく使って，どこで，どんなことが行われているかが分かる文を書くことができる。

2 単元のポイント
言語活動

　本単元は，3年生までに学習した漢字を文の中で使って書くことをねらいとしている。実生活において子どもたちが漢字を正しく使って書くという場面を考えると，いわゆる「漢字ドリル」の文例の中で反復練習して小テストに備えるという学習では十分ではない。子どもたちは，自分で考えた文を書こうとする中で，漢字を使っていくことになるからだ。

　そこで，本単元では，どんな短文を書くのかを自分で考えることからはじめるようにしたい。短文を作るときに大切にしたいのは，その短文を読んで様子がイメージできるのかということである。例えば，「『返』という漢字を使って，短い文を作りましょう。主語と述語は入れます」と指示をしたときに，「わたしは返した。」という文であっても，文として間違いとはいえない。場の文脈によっては，現実にも存在しうる文であろう。しかし，「わたしは返した。」という一文のみでは，その場の様子はイメージできない。どこで，誰に，何を返したのかが分からないので，読み手はその文に不十分さを感じる。厳密にどこまで詳しくすればよいかという線引きは難しいところではあるが，文を書く以上，読み手に，場面の様子について，ある程度伝わるように意識することは大切なことである。

　本単元では，ある日の学校で，どこで，どんなことが行われているかを文にするという言語活動となっている。漢字の学習ではあるが，漢字は単独で存在するものではない。読み手が場面の様子をイメージできるような文を書くようにさせたい。

3 学習指導計画（全2時間）

次	時	○学習活動	●指導内容　◆評価　※留意点
一	1 ・ 2	○教科書に提示してある漢字を用いて，どこで，どんなことが行われているかが伝わる文を作る。	●教科書に載っている漢字を音読させた後で，二つ以上の漢字を使って文を作らせる。 ◆教科書に載っている漢字を使って，文を書くことができる ※読み手を意識して，どこで，どんなことが行われているかが伝わるような文を作るようにさせる。

1・2 漢字の広場④
2時間

準備物：教科書 p.63の拡大コピー

1　ある日の学校の様子が伝わる文章を作るという本時の課題を確かめる

どこで，どんなことが行われているのかが，読む人に伝わるような文章を作りましょう。

教科書を見て，本時に行う学習活動を示す。
「文」ではなく，「文章を作る」としたのは，短い文を続けていくことで，より多くの漢字を文脈の中で使っていくことを意図している。

2　口頭で短文を作らせ，活動のイメージをもたせる

どこで，どんな人がどんなことをしていますか。

教室で，先生が…

ここでは口頭で短文を作らせたものを発表させることで，活動内容を理解して，安心して取り組むことができるようにする。
一文に新たな文をつなげていくことも確かめる。
教科書の拡大コピーがあると，黒板を見ながら，どの場面のことで，どの漢字を使って文を作ったのかを全体で確かめることができる。

🖉 子どもの発想が生きる学習に

「漢字ドリル」の学習のように，与えられた文例をそのまま書いていくという学習は，安心感もあって，成果も点数化して見えやすいというよさがあります。しかし，本来，漢字は小テストのために覚えるものではなく，人に文で何かを伝えるときに使うものです。自由に文を考えるようにすると，子どもによって様々な文を作ります。どんな文にしようかなと考えていくことも楽しい活動ですし，友達同士で書いた文を読み合うこともまた楽しいものです。場面や漢字など限定された条件はありますが，その中でどんな文を書いていくのかを楽しめる学習にしましょう。

- ●**本時の目標**：提示された漢字を正しく使って，どこで，どんなことが行われているかが分かる文を書くことができる。
- ●**本時の評価**：提示された漢字を正しく使って，どこで，どんなことが行われているかが分かる文を書くことができている。

3 できるだけ多くの漢字を用いて，学校の様子を文章に書く

「教科書の漢字を使って，文を続けて文章にしていきましょう」と指示する。

時間を制限して，教科書に出ている漢字をできるだけたくさん使うようにすると，子どもたちも張り切って取り組むだろう。

使った漢字は，後から見て分かりやすいように□で囲むようにするとよい。

後で読み合うことを伝え，漢字を正しく丁寧に書くようにさせたい。

4 互いに書いたものを読み合う

互いに読み合う機会を設定することで，相手を意識して漢字を正しく書くようにさせる。

読み合った後には，互いに一言は感想を述べ合うようにしたい。

たくさんの漢字を使った子や豊かな発想で書いた子の文章を，全体の場で紹介するのもよい。

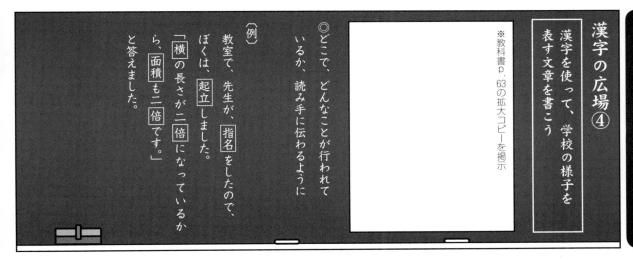

言葉について考えよう

文と文をつなぐ言葉

4時間

1 単元目標・評価

・文と文の意味のつながりを考えながら，接続語を使うことができる。
・文と文をつなぐ接続語の役割を知り，文章をよりよい表現にすることができる。

【書く能力】…接続語を適切に使って，文を書いている。
【言語についての知識・理解・技能】…文と文をつなぐ接続語の役割を理解し，使っている。

2 単元のポイント

教材の特徴

「つなぎ言葉」（接続語）は，文と文が，どのような関係になっているかをはっきりさせる役割がある。文と文の関係をはっきりさせると，その場の状況についてよりはっきりと理解することができる。例えば，次のような文がある。

・昨日は雪が降った。ぼくは運動場に出た。

つなぎ言葉を使っていないので，連続する二つの事実が淡々と述べられている。この二つの文をつなぎ言葉でつなぐと，次のようになる。

・昨日は雪が降った。だから，ぼくは運動場に出た。

「だから」という理由と結果を表すつなぎ言葉でつなぐことで，雪が降ったことによって，わざわざ運動場に出たという意味になる。「ぼく」は，運動場に出て雪遊びでもしようとしているのではないだろうか，という解釈も成り立つだろう。

・昨日は雪が降った。しかし，ぼくは運動場に出た。

「しかし」という逆接を表すつなぎ言葉でつなぐと，また違う内容になる。この文では，雪が降った場合，「普通は運動場に出ない」もしくは，「雪が降ったときは運動場に出てはいけないというルールになっている」のかもしれないという解釈ができる。慣例やルールを破ってでも，「ぼく」は，運動場に出たい理由があったのかもしれない。

このようにつなぎ言葉を使うと，文と文の関係が分かり，内容がより明確になる。物事と物事の関係をはっきりさせることは，論理的思考力そのものでもある。本単元の学習は，日常生活や他教科の学びにおいて，論理的に物事を理解したり，表現したりすることに直結する学習であるといえる。この機会に，「つなぎ言葉アンテナ」の感度を磨くよう心がけたい。

112

3 学習指導計画（全4時間）

次	時	○学習活動	●指導内容　◆評価　※留意点
一	1	○教科書を読んで，つなぎ言葉の役割について理解する。	●文例に，つなぎ言葉を入れて文をつなぐことで，その役割を理解させる。 ◆接続語の役割を理解している。 ※日常的な使い方も話題として取り上げる。
・	2	○教科書を読んで，つなぎ言葉が気持ちを表すことについて理解する。	●文例を読んで人物の気持ちを考えさせることで，つなぎ言葉の働きについて理解させる。 ◆つなぎ言葉が，話し手や聞き手の気持ちを表すことについて理解する。 ※日常的な使い方も話題として取り上げる。
	3	○教科書を読んで，つなぎ言葉の種類について理解する。	●表の文例をもとに，多様なつなぎ言葉の役割を理解させる。 ●既習の教材文から，つなぎ言葉を使っている例を探し，その使い方を確かめる。 ◆多様な接続語の役割について理解している。 ※簡単な文づくりにも取り組みながら，理解を深めるようにする。
二	4	○教科書の問題に答えることで，つなぎ言葉を使って文を書く練習をする。	●教科書の問題に取り組む際に，文と文がどんな関係になっているかも確かめる。 ◆接続語を適切に使い，文を書くことができる。

1 文と文をつなぐ言葉

4時間　準備物：特になし

1 教科書 p.64の例文の（　）に当てはまるつなぎ言葉を考える

黒板に例文を提示して，ノートに書き写させる。書き写すことで，文をしっかりと読み，頭の中に入れることができる。

そのうえで，「（　）には，『だから』，『しかし』のどちらが入りますか？」と問いかけ，考えさせる。

2 「だから」「しかし」を使うのはなぜかを問いかけ，使い方を確かめる

先ほどの例文についての答えを確かめていく。多くの子が，「だから」「しかし」を適切に当てはめることができるだろう。そこで，なぜ一つ目の（　）には「だから」が入り，二つ目の（　）には「しかし」が入るのか，理由を確かめていく。

子どもはうまく説明できないだろうが，「前の文が後ろの文の理由になっているとき，前の文から当然予想されることが続くときに『だから』を使うこと」「前の文から予想されないことや，前の文と反対のことが後ろにくるときに『しかし』を使うこと」を教師が価値付けていく。

📝 具体例と結び付けて理解する

　本時は，「だから」「しかし」の役割を確かめながら，「つなぎ言葉」という言葉があるということを理解させる授業です。

　「『だから』は，前の文が後ろの文の理由になるときや，前の文から当然予想されることが後ろに続くときに使われます」という説明だけを聞いて理解できる子は，相当国語力が高い子だけです。「前の文」「後ろの文」「理由」「当然予想されること」とは，どういうことなのかを具体的にイメージするのはなかなか難しいからです。ポイントは，「具体例と結び付けて理解する」ということです。本指導例では，教科書の例文や，「宿題を忘れました。だから，先生に叱られました。」のような新たな例文と結び付けて確かめるようにしています。具体的にイメージできるようにすることが，確かな理解につながります。算数で「式と言葉」「言葉と図」などを確かめるときと同じです。

- **本時の目標**：接続語の役割を理解している。
- **本時の評価**：「だから」「しかし」の例をもとに，接続語の使い方を理解することができる。

3 「だから」「しかし」を使って文をつなぎ，その役割を確かめる

「だから」「しかし」の役割を確かめるために，子どもたちにどんな文がつながるかを問いかける。
例えば，「今日，宿題を忘れました。だから…？」と投げかけると，「先生に叱られました」などと答えが返ってくるだろう。そこで，「前の文が理由になっていること」「後ろの文が当然予想されることになること」を確かめたい。
さらに，「今日，宿題を忘れました，しかし…？」と投げかけると，「バレなかったです」などと答えるだろう。「予想されないことがくること」を確かめることができる。みんなで例を作りながら，役割を確かめていく。

4 「つなぎ言葉」の役割を知る

本時のまとめとして，「つなぎ言葉」という学習用語について教える。「つなぎ言葉」は，「文と文のつながり方をはっきりさせる言葉」である。
最後に「つなぎ言葉」とは何かを理解させるために，「ほかに，どんな『つなぎ言葉』がありますか？」と問いかける。子どもたちはこれまでの言語生活の知識から，「でも」「そして」「けれども」などと答えるだろう。
いろいろと挙げさせることで，「文と文のつながり方をはっきりさせる言葉」のイメージを広げることができるだろう。

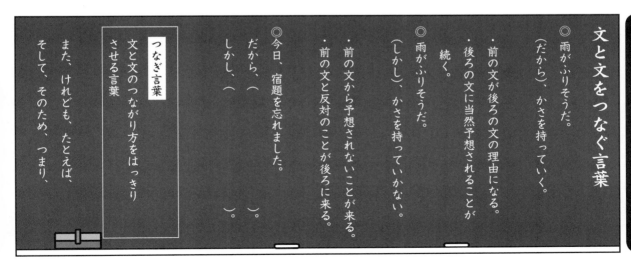

2 文と文をつなぐ言葉

4時間　準備物：特になし

1 教科書 p.66の例文の（　）に当てはまるつなぎ言葉を考える

黒板に例文を提示して，ノートに書き写させる。書き写すことで，文をしっかりと読み，頭の中に入れることができる。
　そのうえで，「（　）には，『だから』，『しかし』のどちらが入りますか？」と問いかけ，考えさせる。
　答えは，「だから」「しかし」のどちらも入り得る。

2 「だから」「しかし」のどちらも入るとはどういうことか，考えさせる

先ほどの例文に当てはまるつなぎ言葉を確かめていく。すると，「だから」「しかし」のどちらも入ることが分かる。「どちらでもいいのですか？」と問いかけることで，子どもはその理由について考えていく。
　「『だから』の子は足が遅いけれど，『しかし』の子は１位をねらっていた」「『だから』の子はうれしいけれど，『しかし』の子は悔しいと思っている」というように，二つの違いについて意見が出るだろう。
　このことから，「つなぎ言葉によって気持ちが分かる」ことを確かめることできる。

🖊「説明」を「問題」に変える

　教科書では，「つなぎ言葉」の意味や使い方について，そのまま読んでいけば理解できるように説明してあります。説明をしっかりと読んで理解していくのもよいのですが，子どもにとって面白くない授業になってしまうかもしれません。そこで，少しでも主体的に取り組ませるための工夫として，「説明」を「問題」に変える工夫があります。
　本時の導入では，教科書の例文をそのまま提示するのではなく，（　）の中に入るつなぎ言葉を考えさせるようにしています。「『だから』と『しかし』のどちらも入るよ」という子どもの声をもとに，「どういうこと？」と問い返せば，「『だから』のときは…」と子どもが説明したくなるような流れになります。教科書の内容は，後から読んで確認すればよいのです。
　特に言語事項を扱う単元では有効ですので，試してみてください。

- **本時の目標**：気持ちを表すこともあるという接続語の働きを理解している。
- **本時の評価**：「だから」「しかし」の例をもとに，気持ちを表すという接続語の働きについて理解することができる。

3 「だから」「しかし」の両方とも入る例について考える

この例文についても「だから」「しかし」のどちらも入る。

「だから」でつなぐ場合は，「8時は早い。8時に目が覚めたことはよかった」という意味になる。

「しかし」でつなぐ場合は，「8時は遅い。8時に目が覚めたのはよくない。間に合ったことはよかった」という意味になる。

「だから」の場合は「前の文」，「しかし」の場合は「後ろの文」のほうを，強調していることに触れてもよいだろう。

4 教科書の中で「だから」「しかし」が使われている箇所を探し，確かめる

「だから」「しかし」の使い方は，教科書から探して，使い方を確かめる。例えば次のような個所がある。

> 「プラタナスの木」より
> ・本当は荒井さんというのだけれど，口ぐせが「あらま。」 だから ，いつのまにかそう呼ばれるようになった。
> 「アップとルーズで伝える」より
> ・ルーズでとると，広いはんいの様子がよく分かります。 でも ，各選手の顔つきや視線，それらから感じられる気持ちまではなかなか分かりません。

具体例と対応させると，意味が理解しやすい。

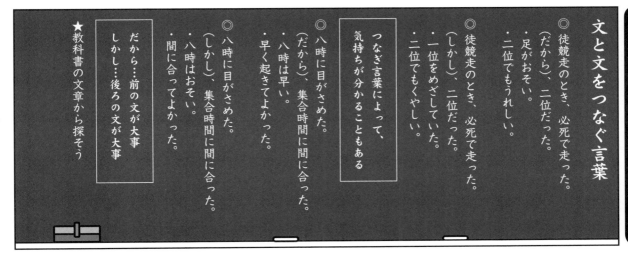

3 文と文をつなぐ言葉

4時間

準備物：問題となる例文を拡大したもの（掲示用）

1 いろいろなつなぎ言葉を挙げていく

　本時は，「だから」「しかし」以外の多様なつなぎ言葉の役割を理解することをねらいとしている。
　そこで子どもたちに，知っているつなぎ言葉をたくさん挙げさせる。挙げられたつなぎ言葉は，種類ごとに分類しながら，板書していく。
　子どもから出ないものは，教師が教えていけばよい。

2 教科書の例文をもとにした問題の（　）につなぎ言葉を入れる

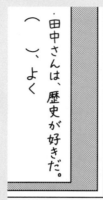

　教科書 p.67の表にある例文のつなぎ言葉を（　）にした問題を提示する。
　プリントしたものを配布すると早いが，短文なので視写させてもよいだろう。

論理を表すつなぎ言葉

　本時で扱う教科書 p.67では，つなぎ言葉を6種類に分類して提示し，「文と文とのつながり方をはっきりさせる言葉」の存在を幅広く知らせることをねらっています。
　ただ，論理的思考力を育てるという観点からすると，話合い活動や書く活動で，特に使えるようになってほしい「つなぎ言葉」があります。

> 「だから」「そのため」…理由と結果の因果関係を表すもの
> 「しかし」「でも」「けれども」…逆接。対立するものを表すもの
> 「つまり」「要するに」…抽象化することを表すもの
> 「例えば」…具体化することを表すもの

　これらは，今後の学習でも積極的に価値付けていくことで，論理的思考力が育ちます。

- **本時の目標**：多様な接続語の役割について理解する。
- **本時の評価**：「また」「つまり」「さて」など，多様な接続語の役割を理解することができる。

❸ 教科書を見て，それぞれの「答え」と「働き」を確かめる

　教科書 p.67 の表を見て，どんなつなぎ言葉が入るのか，どんな「働き」があるのかを一つ一つ確かめていく。
　「働き」を確かめるときは，例文と対応させていくようにさせることで，理解しやすくなる。

❹ ほかの例を挙げながら，つなぎ言葉の使い方を確かめていく

　理解を確かなものにするには，具体例で確かめていくのが効果的である。
教師「ぼくは，運動が好きです。例えば…？」
子ども「野球が好きです」
と，続きの文を子どもたちに言わせる方法であれば，手軽に取り組むことができる。
　ほかにも，（　　）に適切なつなぎ言葉を入れる問題に取り組ませたり，つなぎ言葉を使った文を作ったり，文章からつなぎ言葉を探したりと様々な方法で，定着を図りたい。

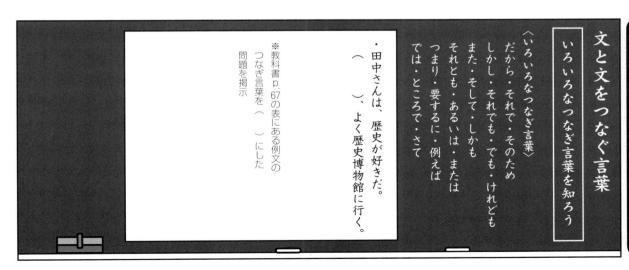

文と文をつなぐ言葉

いろいろなつなぎ言葉を知ろう

〈いろいろなつなぎ言葉〉
だから・それで・そのため
しかし・それでも・でも・けれども
また・そして・しかも
それとも・あるいは・または
つまり・要するに・例えば
では・ところで・さて

・田中さんは、歴史が好きだ。
（　　）、よく歴史博物館に行く。

※教科書 p.67 の表にあるつなぎ言葉を（　　）にした問題を掲示

第3時　119

4 文と文をつなぐ言葉

4時間
準備物：特になし

1 教科書 p.68 1 に取り組む

①には，どうして「だから」が入るのか，隣同士で説明し合いましょう。

　本時は，教科書 pp.68-69 の問題に答えていくことで，つなぎ言葉を適切に使う力を育てていく。
　①は，当てはまるつなぎ言葉を選択し，なぜそう考えるのかを説明する問題である。
　ノートに理由を書いたり，ペアで説明し合う活動を取り入れたりすることで，説明する機会を全員に保障するようにしたい。

2 教科書 pp.68-69 2 に取り組む

②の文を，2つか3つに分けましょう。

　②は，一文で書かれた文を二つか三つの文に分ける問題である。
　つなぎ言葉を使って二文に分けることで，複数の事柄の関係がよりはっきりとしたものになる。必ずしも多くの文に分けたほうがよいとは限らないが，文が長くなり過ぎると，読みにくくなることがある。つなぎ言葉をうまく使い，文が長くなり過ぎないように気を付けることを押さえたい。

📝 文の背景を考えて解釈する

> あの店のパンはおいしい。（　　　），おばあちゃんに買っていこう。

　この（　　）に入るつなぎ言葉は，もちろん「だから」です。おいしいからこそ，おばあちゃんに買ってあげたくなるわけです。しかし，授業をしていると，「『でも』と入れてもいいかもしれないよ」などと言う子がいることもあります。「それは，ちょっとおかしいよね」としてしまうこともできるかもしれませんが，必ずしも間違いとはいえません。少しひねくれた解釈ですが，「おばあちゃんは，普通の人がおいしいと感じるものを苦手としている」という前提があれば，あり得ない話ではありません。言葉の論理は，算数のように絶対的なものではなく，前提次第で変わり得るからです。言葉は，共通の認識，常識のもとで成立しているということでもあります。そんな話題で盛り上がれたら知的な学級だといえるでしょう。

- **本時の目標**：接続語を適切に使い，文を書くことができる。
- **本時の評価**：問題に答える中で，接続語を適切に使い，文を書くことができる。

3 教科書 p.69 ③ に取り組む

③は，つなぎ言葉を適切に用いて，続く文を書く問題である。

書いた文は，列指名で多くの子に発表させるなどして，文のつながり方が適切か子どもたちに判断させるようにする。

ある子の発表にほかの子が「あれ？」と違和感を表現したときは，使い方を確かめるチャンスである。話し合うことで，正しい使い方を確認したい。

4 指定されたつなぎ言葉を使った文を書いて，交流する

一文目も考えさせるので，難易度が上がる。③の①〜⑤で使っていないつなぎ言葉を使わせるようにすると，さらに高度になる。難しい場合は，教科書 p.67 の表を参考にさせる。

「つなぎ言葉カード」を作成して，様々なつなぎ言葉とその使い方を交流するのもよいだろう。

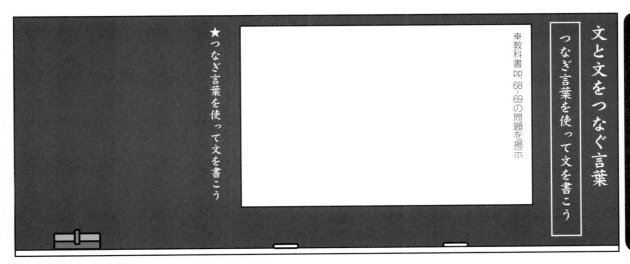

詩を楽しもう

のはらうた

2時間

1 単元目標・評価

・詩を声に出して読み合い，それぞれが感じたことを伝え合うことができる。

【関心・意欲・態度】…詩を読んで感じたことを発表し合い，それぞれの感じ方に違いがあることについて進んで話し合っている。

【読む能力】…野原の住人たちが普段考えたり感じたりしていることを想像し，声に出して読むことができる。

2 単元のポイント

教材の特徴

　教材文「のはらうた」のシリーズ作品は，詩人の工藤直子氏が野原に暮らす生き物そのものになりきって作った作品が収められている。子どもたちはこれまで，「作者＝詩を作った人」であると学んできた。しかし，今回は「かたつむりでんきち」「ふくろうげんぞう」など，作者が工藤直子氏で統一されていない。子どもたちに興味・関心が生まれるだろう。「どうして作品によって作者名が違うんだろう」といった疑問を出発点に，単元を構成していく。

　取り上げられている4作品は，昆虫，動物，自然と作者が様々である。詩のもつ雰囲気ものんびりしたもの，哲学的なもの，元気なものと多様である。これらを子どもたちに自由にとらえさせ，それぞれの感じ方に違いがあることに気付くのに適した教材となっている。

付けたい力

　本単元は「読む能力」の育成を目指した単元である。「情景を想像しながら読む」力を伸ばすことができるよう指導していきたい。想像することには，一人一人の感じ方に違いがある。このことに子どもたちが気付けるよう，例えば「それぞれの野原の住人はどんな性格かな」「好きな詩を選んで，理由もあわせて発表しましょう」などの発問を取り入れたり，「詩を読んで想像したり感じたりしたことを発表しましょう」という活動を取り入れたりしていきたい。

■この単元で知っておきたいこと

　次単元では，「野原に集まれ」が設定され，本単元「のはらうた」と同じように，野原の住人になりきって詩を作る活動が計画されている。そこで本単元において，必要以上に詩の創作活動に取り組むことは避けたい。本単元は，「作品をとらえるときにはそれぞれに違いがあること」や「詩の作り方は自由で構わない」などに気付いたり，学習したりすることができるようにしたい。

③ 学習指導計画（全2時間）

次	時	○学習活動	●指導内容　◆評価　※留意点
一	1	○「それぞれの詩を読んで感じたことを発表し合おう」という学習課題を設定する。 ○教科書にある四つの詩を音読する。 ○自分の好きな詩や気に入った詩を選んで，理由をノートに書く。	●それぞれが感じる面白さや好きなところには違いがあることを知るために，好きな詩や表現を選んで，意見交流することを説明する。 ●それぞれの詩の場面や，作者をイメージしながら音読をするようにする。 ※四つの詩で作者が異なることや，それぞれの作品についてなどの簡単な説明を加えてもよい。 ●好きな詩や表現について，自由にノートへ記述させる。 ◆好きな詩や気に入った詩を選び，選んだ理由や詩の特徴について，ノートに記述することができる。
二	2	○「それぞれの詩を読んで感じたことを発表し合おう」という学習課題を確認する。 ○教科書にある四つの詩を音読する。 ○書いたことについて，意見交流を行う。 ○友達の意見を聞いたり，授業を通して考えたり感じたりしたことをノートへまとめる。	●それぞれが感じる面白さや好きなところには違いがあることを知るために，好きな詩や表現を選んで，意見交流することを確認する。 ●それぞれの詩の場面や，作者をイメージしながら音読をするようにする。 ●意見交流を行う際には，感じ方が違っていることを受け止めて，それぞれの感想や意見を述べるようにする。決して，意見を一つにまとめたり，よい意見を選んだりするのではないことを説明する。 ※前時までに理由が書けていなければ，ここで時間を取って書かせてもよい。 ●意見交流を終えて，改めて自分の考えをノートに記述するよう指示する。その際に，最初にもった意見や感想とは異なってもよいことを伝える。また，変わらなくてもよいことを伝える。 ◆詩を読んで感じたことを発表し合い，それぞれの感じ方に違いがあることに気付き，その違いについて話し合おうとすることができる。

1 のはらうた

2時間

準備物：「のはらうた」四つの詩の拡大

1 詩の範読をする

　子どもたちが、「何だか面白そうだな」「不思議なところがあるぞ」と思えるように、また興味・関心を引きつけられるよう範読を行う。情感たっぷりに読むとよい。
　教師が音読をすると、子どもたちから様々なつぶやきが聞かれるであろう。ここではその一つ一つに反応するのではなく、いろいろな声を引き出してやるようにしたい。

2 めあてをもたせる

　子どもたちから、自然に面白さやお気に入りのフレーズが出されれば、そのまま発言を受け止めて進めていきたい。子どもたちが戸惑っているようであれば、「作者の名前は何だったかな？」「題名について説明できる人はいますか？」と子どもたちの声を引き出す発問を投げかけるとよい。
　そして、本時のめあてとともに、好きな詩を選んだり、感じたりしたことの理由について、意見交流することまでを、単元全体のめあてとして設定する。
　その後、一人一人が自由に音読したり、黙読したりする時間を取る。

🖊 多様な意見を認める教室づくり

　4年生の2学期に扱う教材です。子どもによっては、「人と違うことは恥ずかしい」という意識をもちはじめる子もいます。しかし、国語の授業において大切なことの一つは、「意見が異なる」ことです。このことを子どもたちにしっかりと説明する責任が、教師にはあります。
　とはいっても、子どもたちに、「意見が違っていいんだよ」と言ったところで、納得する子は少ないでしょう。ここはクラスの実態を一番理解している、担任の腕の見せどころです。自分の意見と異なる意見を聞いたり、自分とは感じ方、考え方が異なったりする人がいるのだということを実感することができる国語の授業をつくりましょう。

- **本時の目標**：それぞれの詩を読んで，好きな詩を選んだり，感じたりしたことの理由をノートに書く。
- **本時の評価**：詩の特徴や表現の工夫に気付き，それぞれのよさをとらえながら好きな詩を選んだり，感じたりしたことの理由をノートに記述することができている。

3 好きな詩を選んだり，感じたりしたことをノートに書く

詩の面白さや好きな表現など，子どもたちに自由に想像を広げて考えさせる。なかなか想像できない子に対しては，「四つの詩はそれぞれ作者が違うんだけれど，どんな性格なんだろう」「この野原はどんな様子かな」などと個別に問いかけるとよい。

また，机間指導を行いながら，ノートに書かれた内容について，「なるほど」「これは面白いね」などと声をかけたり丸を付けたりするのもよい。

4 本時で学習したことを確認し，次時の学習内容を確認する

本時では，自分1人で四つの詩と向き合い，それぞれが考えをもつことができるようにしたい。

そして，それぞれが考えたことについて，話をしたり話を聞いたりしてみたいという意欲を高めて，授業を終えることができるようにする。

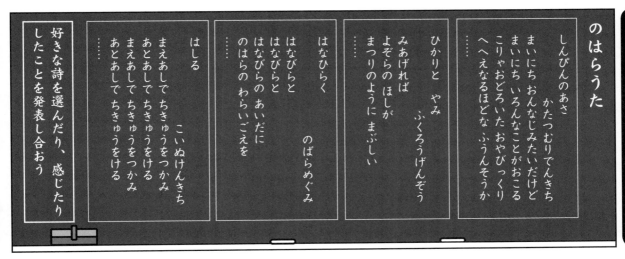

のはらうた

準備物：「のはらうた」四つの詩の拡大

1 詩の音読をする

前時までに四つの詩を音読している子どもたち。ここではすぐに授業へ入っていけるよう，音読活動をいきなり行う。子どもたちをもう一度「のはらうた」の世界へ一気に引き込みたい。

それぞれの詩の読み方については，一人一人の読み方で読ませるようにしたい。

2 好きな詩や感じたことを意見交流する

四つの詩の，面白いところを発表しましょう。

「意見交流をしましょう」という指示で，意見交流をスムーズに行うことのできるクラスであれば，そのまま行えばよい。

そうでない場合は，段階を踏んで行うようにしたい。
・隣同士の2人組
・前後の2人組
・前後左右の4人組
などのように，少しずつ人数を増やしていくことで子どもたちが自分の意見を話したり，じっくりと相手の意見を聞いたりできる機会を確保したい。

📝 話合いを成功させるためには

「話すこと」と，「話し合うこと」は明確に違います。

話合いとは，集団内で共通に意識されている話題について，それぞれの情報や意見を交わし合うことです。話合いのポイントとして欠かすことのできないのは，「協同的な態度」をもつことです。自分と異なる意見を受け入れようとする態度をもつことが，話合いの授業の前提となります。この態度は，国語の授業のみで形成するものではありません。日々の学級経営を基盤として学び身に付けていくものです。

話合いの最中には，教師のやることはたくさんあります。「話合いのじゃまになるから黙っていよう…」ではなく，話合いに大切な力を身に付けられるよう，適宜個別指導，グループ指導を行いましょう。

- **本時の目標**：それぞれの詩を読んで，感じたことを発表し合う。
- **本時の評価**：詩を読んで感じたことを発表し合い，それぞれの感じ方に違いがあることに気付き，その違いについて話し合うことができている。

3 友達と意見交流をして考えたことをノートにまとめる

ペアやグループで意見交流をしたことで，子どもたちは新たな考えが生まれたり，感じたりしたことがあるだろう。それをノートに記述させて，学習を振り返ることができるようにさせたい。

話し言葉は消えてしまうが，書き言葉は消えない。話し言葉は即時性が高く，書き言葉は継続性が高いということを，子どもたちに説明してもよい。

4 本時の授業や単元を通して学習したことをまとめる

自分なりの詩のとらえ方と，意見交流をしたとらえ方では異なることがあるだろう。その違いを認めたり，受け入れたりすることが大切であることを子どもたちに語りかける。

また，次の単元の学習では，詩を書いていくこととなる。ここでそのことについて踏み込んで説明する必要はないが，「詩を書きたい」というまとめをしている子どもがいれば，取り上げて学習を終えるようにしたい。

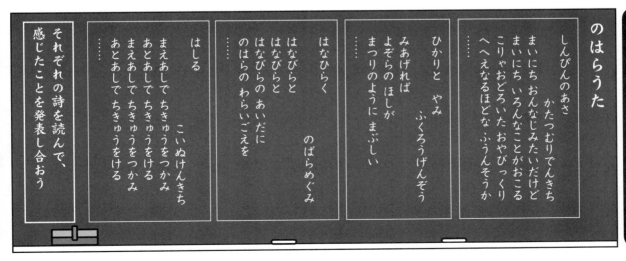

のはらうた

しんぴんのあさ　　かたつむりでんきち
まいにち　おんなじみたいだけど
まいにち　いろんなことがおこる
こりゃおどろいた　おやびっくり
へえなるほどな　ふうんそうか
……

ひかりと　やみ　　ふくろうげんぞう
みあげれば
よぞらのほしが
まつりのようにまぶしい

はなひらく　　のばらめぐみ
はなびらと
はなびらと
はなびらのあいだに
のはらのわらいごえを
……

はしる　　こいぬけんきち
まえあしで　ちきゅうをつかみ
あとあしで　ちきゅうをける
まえあしで　ちきゅうをつかみ
あとあしで　ちきゅうをける
……

それぞれの詩を読んで，感じたことを発表し合おう

詩を書こう

野原に集まれ

5時間

1 単元目標・評価

・野原の住人になりきって，住人の特徴を考えて詩を書くことができる。
・書いた詩を読み合い，表現のよさや内容などについて交流することができる。

【関心・意欲・態度】…野原の住人になりきり，詩を書こうとしている。
【書く能力】…想像したことをもとに，どんな詩を書くのか決めたり，書いた詩を読み合って比べたりすることができる。

2 単元のポイント

教材の特徴

　直前の単元「のはらうた」に続く単元である。「のはらうた」では，工藤直子氏の作品を味わいながら，それぞれが感じるよさの違いについて，意見交流をする学習を進めてきた。

　子どもたちは，「のはらうた」で，作者の名前，詩に書かれていた内容，それぞれがもっている動植物に対する知識などを関連させ，詩を味わっている。本単元では，前単元の学習を踏まえて，野原の住人になりきって詩を書くことをねらいとしている。子どもたちのもつ興味・関心をもとにして，自分ならどんな作者になりきるか，どんなことを考えるかについて考え，詩を書かせるようにしたい。

付けたい力

　書くことを主たるねらいとした単元である。中でも，「関心のあることから書くことを決め，相手や目的に応じて，書くうえで必要な事柄を調べることができる」こと，「書いたものを読み合い，意見を述べ合う」ことについての力を身に付けさせたい。

　また，詩を作るうえで，擬声語や擬態語を活用することが多い。リズムよく語を整えたり，繰り返しを用いたりすることもある。子どもたちがぼんやりととらえているであろう「その詩のよさ」を，授業の中で言語化することで，より子どもたちがもっているイメージに近い作品を作ることが可能になるであろう。学級の実態に応じて，必要であれば子どもたちに指導をしていくとよい。

128

言語活動

　何も制約のないところから詩を作ることは，子どもたちにとってなかなか難しい。しかし，本単元は，「のはらうた」をもとにして詩を作るため，子どもたちは創作のきっかけを得やすい。「自由な発想に任せる」ことも大切なことだが，なかなか書き出せない子に対しては，適切な個別支援を心がけたい。野原の風景や，そこにはどんな生き物がいるのか想像すること，想像した生き物の性格や特徴などを考えられるよう声かけをしていく。

　また，前単元「のはらうた」とも密接なかかわりがある。学習内容を振り返らせて，本単元の学習に取り組ませるようにするとよい。

③ 学習指導計画（全5時間）

次	時	〇学習活動	●指導内容　◆評価　※留意点
一	1	〇教科書p.72の挿絵（野原の絵地図）を示したり，pp.70-71の「のはらうた」の作品を音読したりして，本単元の学習課題「野原の住人になりきって詩を書き，書いた詩を読み合おう」について確かめる。	●教科書の挿絵を見たり，「のはらうた」の作品を読んだりして，本単元の学習計画を立てる。 ◆進んで活動に取り組もうとしている。 ※子どもたちの好奇心をもとにして，全体の合意のもとで単元全体の学習課題を立てる。
二	2	〇野原にはどんな仲間がいるのかを考え，誰になるのかを決める。 〇決めた仲間になりきって，どんな仲間なのかを想像する。	●教科書の挿絵から，何になりきるのかを決め，その人物の特徴をとらえたり，なりきったものに関する知識を生かしながら想像を広げたりする。 ◆何になりきるかを決め，その人物の特徴や性格を想像することができる。 ※想像を広げられるよう，小グループで対話する場を設定する。
	3	〇仲間になりきって思ったり感じたりしたことをまとめ，詩を作る。	●野原の仲間になりきり，思ったり感じたりしたことをもとにして，詩を完成させる。 ◆何になりきるかを決めた仲間の特徴や性格を想像し，詩を完成させることができる。 ※子どもたちが想像したことをより表現できるよう，表現技法についても取り上げて学習を行うようにする。
三	4	〇作った詩をグループで読み合ったり，意見交流をしたりする。	●グループで詩を読み合い，感想やそれぞれの詩のよさについて，意見交流をする。 ◆作った詩を読み合い，感想やそれぞれの詩のよさを伝えることができる。 ※それぞれの詩のよさに目を向けさせたり，参考になったりしたところを伝え合わせるようにしたい。
	5	〇友達からの意見をもとに書き直したり，新しい詩を作ったり，さらに意見交流をしたりする。	●友達の意見を参考にして，詩を見つめ直したり，新しい詩を作ったりして，さらに意見交流をする。 ◆友達の意見を参考にして，自分の詩を見つめ直したり，新しい詩を作ろうとしたりしている。 ※学級の実態に応じて，意見交流の場を設定するようにしたい。

1 野原に集まれ

5時間

準備物：教科書 p.72の拡大（カラーがよい）

1 前の単元の学習内容を振り返り，教材の紹介をする

> 前回までに，「のはらうた」の勉強をしましたね。
> 今日は，その「のはらうた」の「野原」の絵を紹介します。

　「のはらうた」の学習内容を振り返らせるとともに，今回の単元を通して活用することとなる「のはらうた」の舞台である野原の絵を紹介する。
　教科書に掲載されている挿絵は一部であることを説明し，絵に載っている動植物以外にも，どんなものがいるのかを想像させてもよい。

2 めあてを確認する

> 野原の仲間になりきって，感じたり思ったりしたことを詩にしてみましょう。

　確認した動植物や，子どもが自由に想像した動植物も含めて，様々な仲間がいることを確認したい。なりきる仲間がたくさんいるほど，子どもの自由な発想が広がることが期待できる。
　その後，本時のめあてである「単元全体の学習計画」を立てていく。子どもたちに「詩を書いてみよう」といっても，書けない子もいる。子どもたちに学習の見通しをもたせることが大切である。
①誰になりきるのか　②どんな特徴や性格なのか
③詩を書く　④詩を読み合い，意見交流をする
という流れで学習計画を立てられるとよい。

🖋 子どもたちの主体的な取り組みを目指して

　単元最初の授業では，単元全体の学習課題を立てていくことが求められます。学習に取り組む主体は子どもですから，子どもが納得できる形で学習課題を立てたいものです。
　とはいっても，子どもたちにすべてを投げかけて任せるということではありません。この単元，この教材で身に付けさせたい力があります。教師として，それが何なのかを明確にしておくのが，「教材分析」の一つです。
　子どもたちに，「今日のめあて（目標）は○○です」と教師が一方的に投げかけても，子どもたちが主体的に学習に取り組むことはできないでしょう。子どもたちが主体的に学習に取り組み，力を付けることのできる授業をつくっていきましょう。

- **本時の目標**：挿絵を見たり，「のはらうた」の作品を読んだりして，本単元全体の学習計画を立てることができる。
- **本時の評価**：学習内容を理解し，進んで活動に取り組もうとしている。

3 挿絵の内容を確認する

挿絵にはいろいろな仲間が描かれている。そこで，どんな仲間がいるのか，自分がなってみたい仲間を決める。ここでは，完全に一つと決めるわけではなく，いろいろな仲間を選んでおいてもよいであろう。
　その後，選んだ仲間について，性格や特徴について想像させる。なかなか想像を広げられない子には，「のはらうた」の学習を振り返らせ，それぞれの仲間の性格によって，書かれていた詩が異なることを振り返らせるようにする。

4 本時の授業で立てた単元全体の学習課題を確認する

本時のまとめは，二つ行う。
　一つは「単元全体の学習計画」について。左記②で行ったことについて，子どもたちと振り返りたい。子どもたちが主体的に学習に取り組めるよう，学習のスタートとゴールの見通しをもたせる。
　もう一つは「本時の学習内容」について。本時で学習したことは主として左記③で行ったことである。挿絵の内容について確認したり，子どもたちの自由な発想を紹介したりして，次時への学習意欲を高めるようにしたい。

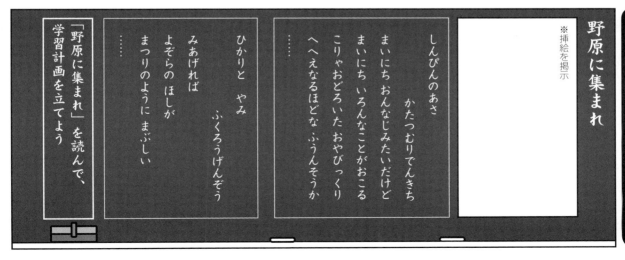

2 野原に集まれ
5時間
準備物：教科書 p.72の拡大（カラーがよい）

1 前時の学習内容を振り返り，本時のめあてを確認する

今日の授業ではどんな学習課題を解決していくのでしたか。

誰になりきるのかを決めて性格や特徴を考えていくんだったね。

　前回の学習内容を簡単に振り返った後，本時のめあてを確認する。本単元の学習計画は前時に立てたので，子どもに問いかけてさっと確認したい。本時は，導入に時間をかけるよりも，右記②③の活動に十分な時間を確保する。

2 なりきりたい仲間を決める

みなさんはどの仲間になってみたいですか。

　前時までになりたい仲間が決まっている子もいれば，どの仲間になりきりたいか，まだ迷っている子もいるであろう。ここでは，その中から一つを決めて詩を作る準備を行う。
　決める基準はそれぞれでよいが，性格や特徴を想像しやすいものを選ぶと，後々の活動が広がっていくことを伝えてもよい。また，一つしか作品を作らないということではないので，まずは想像を広げやすいものを選ばせたい。

✎ ワークシート・ノートのいずれに書かせるか

　国語の授業では，しばしば「子どもの意見をワークシートに書かせるのがよいか，ノートに書かせるのがよいか」という意見が戦わされます。
　結論としては，どちらでもよいのですが，それは何でもよいということではなく，「子どもに付けたい力を付けさせられるならば，ワークシートに書かせようが，ノートに書かせようが，どちらでもよい」ということにほかなりません。
　本単元の授業では，子どもたちの書いたものが確実に残され，いつでも振り返られる状況をつくることが大切です。であるならば，ワークシートとノート，どちらに書かせても問題ないでしょう。

132　野原に集まれ

- **本時の目標**：野原にはどんな仲間がいるのかを考え，誰になりきるかを決めて，なりきった仲間がどんな性格や特徴なのか想像する。
- **本時の評価**：何になりきるかを決め，その仲間の特徴や性格を想像することができる。

3 なりきりたい仲間の性格や特徴などについて想像する

　この活動に十分な時間を確保できるように授業を進めたい。ここでは，自分が決めたなりきりたい仲間について想像を広げていく。
・どんな性格か　・どんな特徴があるか
・見ているものは何か　・色や形
・どんなことを感じているか
・野原に集まっている動物たち同士の関係性
・どんなことを話しているか
などについて想像を広げさせたい。また，小グループでの意見交流の場を設定し，さらに想像を広げるきっかけをつくるようにしてもよい。

4 本時の学習内容を確認する

　本時の学習のまとめを行う。本時は，二つのことをめあてとして授業を行ってきた。それぞれのことについてまとめを行い，学習したことを振り返らせたい。
　また，本時でどんなことを想像したのか，確実にノートに残すようにさせたい。本時で広げた想像が，次時以降欠かせないものとなるからである。

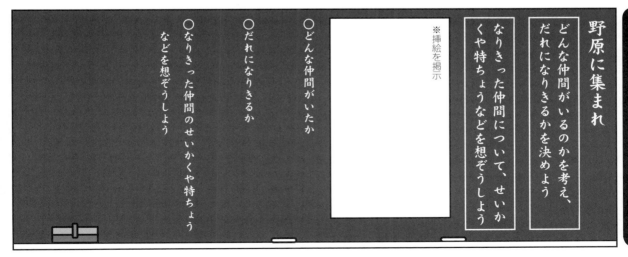

3 野原に集まれ

5時間

準備物：教科書 p.72の拡大（カラーがよい）

❶ 前時の学習内容を振り返り，本時のめあてを確認する

前回の学習内容を簡単に振り返った後，本時のめあてを確認する。

本時は前回までに決めたことをもとにして，実際に詩を作っていく活動を行う。そのため，詩を作る時間を十分に確保したい。

❷ 詩の表現技法について学習する

「のはらうた」で学習した四つの詩を取り上げながら，表現技法について指導する。表現技法という言葉が難しければ，「よりよい詩を作る技」のような呼び方にしてもよいだろう。

四つの詩から子どもたちが気付いた表現技法以外にも，
- 体言止め
- 省略
- 連用形止め

などは取り上げて指導しておきたい。

📝 指導と個性を見極めて

表現方法は多様であり，子どもの個性であり，教師が必要以上に指導を加えるものではない一方，指導すべきことはきちんと指導をすることが大切です。子どもたちに，「さあ，自由に詩を書いてごらん。どんなふうでもいいんだよ」と言っても，まず書けません。また，よりよい詩にするためには，リズムに注目させたり，比喩などの表現技法を用いたりする必要があります。指導すべきことは指導をしたうえで，子どもたちがどのように表現技法を用いて詩を作るのかは，一人一人が異なっていてよい「子どもらしさ」の表現となります。

- ●本時の目標：野原の仲間になりきり，思ったり感じたりしたことをもとにして，詩を完成させる。
- ●本時の評価：何になりきるかを決めた仲間の特徴や性格などを想像し，詩を完成させることができる。

③ 仲間になりきって，詩を作る

仲間になりきって詩をつくってみましょう。

　前時で学習した「想像を広げること」と本時で学習した「表現技法」を用いて詩を作る活動を行う。なかなか書き出すことのできない子には，想像を広げる際に書いたことを振り返らせたり，「のはらうた」の作品を参考にさせたりしながら個別支援を行う。
　また，「のはらうた」の続きを考えたり，同じ作者になりきって，教科書に掲載されている詩とは違う詩を作らせたりすることも有効であろう。

④ 本時の学習内容を確認する

次回は友達の詩を読んで意見交流をしましょう。

　まずは，1人で詩を完成させることができたことを称賛したい。
　次に，詩を書くことで学んだことや考えたりしたことを発表させる。詩を書くことは，日常的な「書く」活動とは異なる。そのため，詩を書くことで学んだことを子どもたちから引き出して，書くことの楽しさを実感させたい。

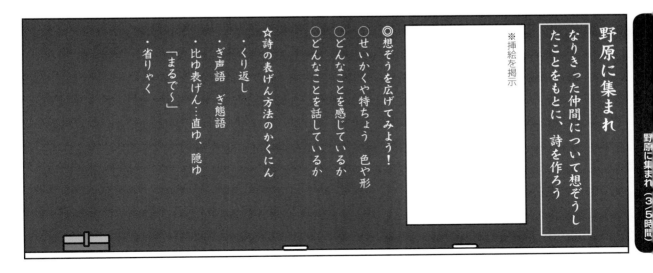

野原に集まれ

なりきった仲間について想ぞうしたことをもとに，詩を作ろう

※挿絵を掲示

◎想ぞうを広げてみよう！
○せいかくや特ちょう　色や形
○どんなことを感じているか
○どんなことを話しているか

☆詩の表げん方法のかくにん
・くり返し
・ぎ声語　ぎ態語
・比ゆ表げん…直ゆ、隠ゆ
　「まるで〜」
・省りゃく

4 野原に集まれ
5時間

準備物：教科書 p.72 の拡大（カラーがよい），付箋

① 前時の学習内容を振り返り，本時のめあてを確認する

前回の学習内容を簡単に振り返った後，本時のめあてを確認する。

本時は小グループ，クラス全体で詩を読み合い，意見交流を行う。意見交流を行う際には，日々の人間関係が表に出やすい。仲がよい子だけとの意見交流で終わることがないように，注意深く子どもたちの様子を見るようにしたい。

② 小グループでそれぞれの詩を読み合う

小グループでの意見交流の際には，全員からコメントをもらえるようにしたい。そこで，以下のように机を配置して，

①	②
④	③

Ⅰ　全員の詩を読み合う
Ⅱ　①の詩について，②→③→④の順にコメントする。
Ⅲ　②〜④の詩について，上と同じように順番にコメントする。

このような形で行うようにすると，全員からコメントをもらうことができる。

✏ 意見交流の際には

意見交流を小グループやクラス全体で行う場を設定した際に，教師が行うべきポイントを幾つか挙げます。

- 小グループの意見交流を回り，よい意見，全体に知らせたい意見を集める。
- 意見交流が難しいグループに入って，コーディネートする。
- 全体の意見交流の様子を見て，注目させたい作品を取り上げる。
- 子どもたちが気付いていないその作品のよさを見付け，取り上げて紹介する。

子どもたちが活動している間も，教師はやることがたくさんあるのです。

- **本時の目標**：作った詩をグループで読み合ったり，意見交流をしたりする。
- **本時の評価**：作った詩を読み合い，感想やそれぞれの詩のよさを伝えることができる。

3 クラス全体で詩を読み合い，意見交流をする

　クラス全体で意見交流を行う前に，付箋を配る。全体での意見交流は自由に行わせたい。そのため，詩を書いた本人が隣にいないこともあるであろう。その際には，付箋にコメントを書いて，感じたことやよさを伝えるようにする。そのため，細い付箋ではなく，少し大きめの付箋を用意しておくとよい（名刺大の大きさがよい）。
　書いた付箋は机の上に貼らせるようにする。教師は付箋が貼られない作品のよさを取り上げたり，コメントについて評価するような声かけをしたりするように支援する。

4 本時の学習内容を確認する

　意見交流をする中で見付けたよさについて，何人かの子どもたちに発表させる。作品のよさ，表現のよさ，様々な観点からよさを見付けられることに子どもたちが気付けるようにさせたい。
　それぞれのよさについて，教師がコメントしてやるのもよい。

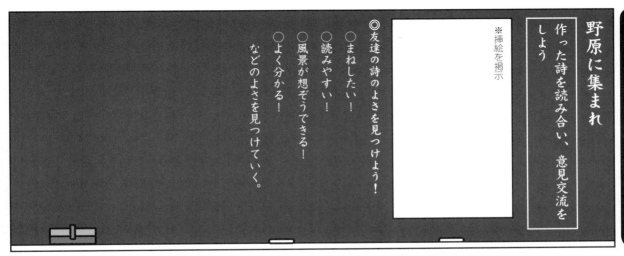

野原に集まれ

作った詩を読み合い、意見交流をしよう

※挿絵を掲示

◎友達の詩のよさを見つけよう！
○まねしたい！
○読みやすい！
○風景が想ぞうできる！
○よく分かる！
などのよさを見つけていく。

5 野原に集まれ

5時間

準備物：教科書 p.72の拡大（カラーがよい）

❶ 前時の学習内容を振り返り，本時のめあてを確認する

前回の学習内容を簡単に振り返った後，本時のめあてを確認する。

本時は前時までに意見交流でもらったコメントや，友達の作品を読んで感じたことをもとに，自分の作品を振り返る活動を行う。作った詩を見直したり，新しい詩を作ったりする活動である。

「直すこと」や「新しく作ること」がよいことではなく，自分の作品を見つめ直すことに主眼を置かせるようにしたい。

❷ 詩を見直したり，新しく詩を作ったりする

よりよい作品となるよう，意見交流でのコメントや，友達の作品の中から参考になることを選ばせるようにしたい。

自分が書きたかったことはどんなことだったのか，最初に想像したことや，意見交流でのコメントなど，作品づくりの過程を振り返らせることで，改めて自分の作品を見直すことにつながってくる。今までの学習の跡を生かして授業を進めたい。

単元の最後の授業でまとめること

単元最後の授業では，この単元でどんな力を身に付けることができたかを確認しておきたいものです。また，その力はこの単元以外でも使えることができる（さらに広げると，国語という教科以外でも使えることができること）ことを意識できるようなまとめになるとよいと思います。

子どもたちに国語の学習を通して身に付けさせたい力は，「適切に表現する力」「正確に理解する力」「伝え合う力」「思考力や想像力及び言語感覚」です。そして，「国語に対する関心を深め，国語を尊重する態度を育てる」ことが目標です。一度の授業，一つの単元ですべての力を網羅することはできないかもしれませんが，常に「今日の授業ではどんな力を伸ばすのか」「この単元ではどんな力を付けるのか」を意識して授業に臨みましょう。

- ●本時の目標：友達からの意見をもとに，詩を書き直したり，新しい詩を作ったり，意見交流をしたりする。
- ●本時の評価：友達からの意見を参考にして，自分の詩を見つめ直したり，新しい詩を作ろうとしたりしている。

3 小グループやクラス全体で詩を読み合い，意見交流をする

ここでの意見交流は，それぞれの形で進めていけばよい。隣同士，前後同士の小グループでじっくり行いたい子もいれば，大勢の子の意見を聞きたい子もいるであろう。様々な形で意見交流を進めていくことを認めたい。ただし，前時までに作品を読んでもらった子にコメントを求めたり，参考にした作品がある場合は，その子に読んでもらうなど，より効果的な学習になるよう配慮する。

意見交流の際には，前と比べてよりよくなった点や，分かりやすくなった点などを見付け，伝えられるように指導する。

4 本時の学習内容や，単元全体で学んだことについて確認する

単元最後の授業なので，まとめることは二つある。
一つは，本時の授業のまとめである。本時のめあてに対して，どんなことができたかを振り返らせたい。
二つ目は，単元全体のまとめである。詩の創作や意見交流を活動の中心に置いて単元を進めてきた。その中で，自分たちにどんな力が付いたのか。その力を今後どのようにして使っていくか，使っていきたいかなどをまとめとして書かせるとよい。

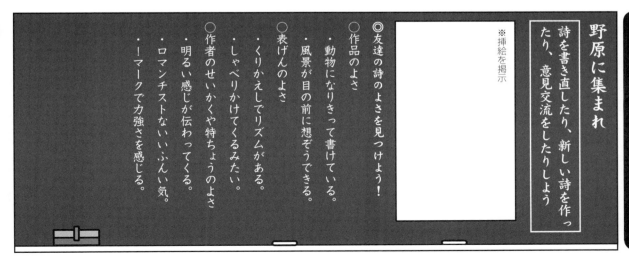

野原に集まれ

詩を書き直したり，新しい詩を作ったり，意見交流をしたりしよう

※挿絵を掲示

◎友達の詩のよさを見つけよう！
○作品のよさ
・動物になりきって書けている。
・風景が目の前に想ぞうできる。
○表げんのよさ
・くりかえしでリズムがある。
・しゃべりかけてくるみたい。
○作者のせいかくや特ちょうのよさ
・明るい感じが伝わってくる。
・ロマンチストないいふんい気。
・！マークで力強さを感じる。

第5時　139

冬の風景

1 単元目標・評価
・冬の風景に関する語彙を獲得したり，それを適切に用いたりすることができる。

【関心・意欲・態度】…冬の風景を表す言葉を集めたり，それを使って進んで絵手紙を書いたりすることができる。

【言語についての知識・理解・技能】…冬の風景に関する語彙を増やしたり，それを使って絵手紙を書いたりすることができる。

2 単元のポイント

教材の特徴

　この教材は，「春の風景」〜「秋の風景」に続く教材で，冬の風景を表す写真やイラスト，言葉，及び俳句で構成されている。冬の景色を想像させたり，経験したことを思い出させたりすることで，子どもたちの冬のイメージを広げさせることができる。

　また，この「季節の言葉」シリーズは，2年生から6年生までの教科書に掲載されており，発達段階に応じて段階的に先人たちのものの見方，考え方，感じ方に触れ，季節を表す語彙を獲得できるようになっている。全体の中での位置付けを知ったうえで，系統的に付けたい力を身に付けさせたい。

言語活動

　この単元の言語活動として，冬の言葉を使って絵手紙を書くという活動を設定した。

　教科書には，文で手紙を書くという活動例が掲載されているが，その際，手紙の構成に沿って書かせるための指導や，書く内容が思いつかなくて筆の進まない子どもがいることが考えられる。よって，自由な形式かつ，短い言葉で端的に冬を表現できる絵手紙を用いることとした。絵手紙を書く際には，まず冬の楽しかった思い出について話し合わせることで，冬の風景を想像させる。次に，頭に浮かんだ風景とその風景についてどのようにとらえているのかを絵と言葉で表現させる。そのとき，教科書掲載の俳句を参考にして，五感で感じたものを伝えたり，動きを表現したりすることができるように意識させ，取り組ませることで，子どもたちの言語感覚を高めることができるだろう。

3 学習指導計画（全2時間）

次	時	○学習活動	●指導内容　◆評価　※留意点
一	1	○教科書の言葉や写真，イラスト，俳句などから想像した冬のイメージについて話し合う。 ○冬の風景に関する言葉を集めて書き出す。	●写真やイラスト，言葉や俳句から想像したことや，思い出したことなどを話し合わせることで，冬のイメージを広げる。また，国語辞典を引かせたり，マップに書き出させたりすることで，冬の風景に関する言葉を集めさせる。 ◆自分の感じた冬のイメージについて話し合うことができる。また，冬の風景に関する言葉を集めて書き出すことができる。 ※写真やイラストを効果的に用いて，冬のイメージとそれを表す言葉を合致させることで，語彙を獲得させたい。
	2	○冬の風景を想像する。 ○絵手紙を書いて読み合う。	●冬の思い出について話し合わせ，冬の風景を想像させる。そして，それをもとにして絵手紙を書かせ，読み合って感想を交流させる。 ◆冬の風景を表す言葉を使って絵手紙を書くことができている。 ※教科書に掲載されている俳句を参考にして，視覚以外の五感で感じたものや動きなどを，短い言葉で端的に表現させるようにしたい。

1 冬の風景

2時間

準備物：絵手紙の例，実物投影機又は拡大した教科書の画像，国語辞典

❶ 本時の学習課題を確認する

冬の景色を感じる言葉をたくさん集めて，それを使って絵手紙を書きましょう。

秋の風景と比較して変化に着目させることで，冬の風景のイメージを広げる。

また，絵手紙を実際に見せることで，これからの活動について見通しをもたせる。

❷ 教科書の写真やイラスト，言葉や俳句から想像した冬のイメージを話し合う

「雪見」からは雪うさぎがちょこんと置かれている様子が浮かびました。

教科書 pp.74-75に掲載されている写真やイラストと，言葉や写真を見比べながら，冬のイメージについて話し合う。想像したことや思い出など，自由に話し合わせるようにする。

俳句は詳細な読解をするのではなく，声に出して読んだり，句に読まれている情景を教師が解説したりすることで，子どもたちが冬のイメージを広げられるようにする。

可能なら，他の写真やイラスト，俳句なども示すことでよりイメージを広げることができる。

✎ イメージを広げさせる手立て

　教科書に掲載されている写真やイラスト，言葉と俳句をもとにして，冬の風景についてのイメージを広げます。一つ一つの言葉から想像したことや思い出したことを発表させるのと同時に，五感でどのようなことを感じるのかも考えさせます。そうすることで，子どもたちの言葉に対する感覚を豊かにすることができます。

　なお，言葉から風景を想像するのが苦手な子のために，教科書の写真やイラスト以外にも，画像を準備しておくことをおすすめします。

● **本時の目標**：冬の風景に関する語彙を獲得する。
● **本時の評価**：自分の感じた冬のイメージについて話し合うことができる。また，冬の風景に関する言葉を集めて書き出すことができる。

③ 冬の風景に関する言葉を集めて書き出す

マップに表すようにさせたり，国語辞典を引かせたりして，冬の風景に関する言葉を集め，書き出させる。なお，マップにする場合は，音や香り，熱など，五感で感じるものを集めさせる。その際，机間指導をして，子どもが目にする具体的な場面をとらえさせるとよい。

④ 本時の学習を振り返り，まとめる

次回の絵手紙に使おうと思う言葉は，ノートにメモしておくように指示する。

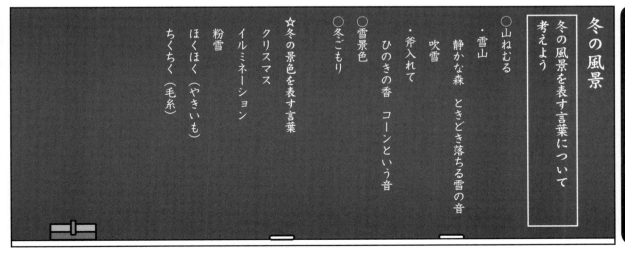

冬の風景

冬の風景を表す言葉について考えよう

○山ねむる
・雪山
・静かな森　ときどき落ちる雪の音
　吹雪
・斧入れて
　ひのきの香　コーンという音
○雪景色
○冬ごもり

☆冬の景色を表す言葉
クリスマス
イルミネーション
粉雪
ほくほく（やきいも）
ちくちく（毛糸）

2 冬の風景
2時間
準備物：絵手紙の用紙，国語辞典，絵手紙の例

① 前時の学習を振り返り，本時の学習課題について確認する

前時の学習を振り返らせ，学習した内容を確認するとともに，どんな学習課題をもっていたかについても想起させる。

絵手紙の例を示し，絵手紙の書き表し方について見通しをもたせる。必要があれば，絵手紙の特徴や書き方について考えさせてもよい。

② 冬の思い出について話し合う

冬の思い出について話し合わせることで，冬のイメージを広げさせる。そのとき，楽しかった思い出に限定するのではなく，つらかったことや大変だったことについても取り扱うようにするとともに，五感全体で感じたことを想起させるようにする。

絵と言葉をバランスよく

絵手紙を書く時間を確保したいので，冬の思い出について話し合う活動はスピーディーに展開しましょう。題材となりそうな思い出や，五感で感じたことを挙げさせて，子どもたちが絵手紙を問題なく書くことができそうだと判断したら，すぐ絵手紙を書く活動に移りましょう。絵手紙は子どもたちにとって取り組みやすい活動ですが，ともすると絵を描くことだけに夢中になり，言葉のほうがおざなりになってしまう子がいます。絵手紙のよさは，絵と言葉の両方をバランスよく用いて伝える，という点であるとともに，本単元では冬に関する語彙を獲得することがねらいです。絵手紙の例を示してそれを確認するとともに，机間指導を行い，描いた風景をどのようにとらえているのか尋ねて具体的にしたうえで，それを表す適切な言葉を考えさせるようにします。

- **本時の目標**：冬の風景に関する言葉を適切に用いる。
- **本時の評価**：冬の風景を表す言葉を適切に用いて，自分の感じたことを絵手紙で表現することができている。

3 絵手紙を書く

机間指導を行い，冬の風景について感じたことを適切に表す言葉について考えさせる。そのとき，前回のメモやマップ，国語辞典，教科書に掲載されている俳句などを参考にして考えさせる。

考えが思いつかない子どもについては，五感で感じたことを一つ一つ尋ねることで，具体的にさせるとよい。

4 絵手紙を読み合い，感想を交流する

学習の振り返りをノートに書かせて発表させるなどして，冬の風景を表す語彙を増やすことができているか確認する。そのとき，「冬の風景に関する言葉はたくさんある」といったあいまいなものではなく，共通点を挙げさせたり，具体的に示させたり，意外だと思ったことを挙げさせたりすることで，単元を通して学んだことを明確にさせる。

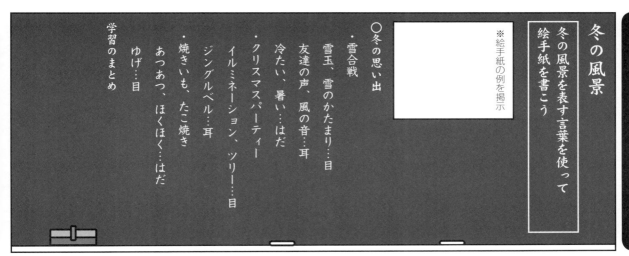

冬の風景

冬の風景を表す言葉を使って絵手紙を書こう

※絵手紙の例を掲示

○冬の思い出
・雪合戦
　雪玉，雪のかたまり…目
　友達の声，風の音…耳
　冷たい，暑い…はだ
・クリスマスパーティー
　イルミネーション，ツリー…目
　ジングルベル…耳
・焼きいも，たこ焼き
　あつあつ，ほくほく…はだ
　ゆげ…目
学習のまとめ

4 きょうみをもったところを中心に，しょうかいしよう

ウナギのなぞを追って

8時間

1 単元目標・評価

・事実と考えの記述に気を付けて読むことができる。また，自分が興味をもったところを中心に要約して紹介することができる。

【関心・意欲・態度】…事実と考えの記述に気を付けて調査報告文を進んで読もうとしている。また，自分が興味をもったところを中心に要約したり引用したりして紹介しようとしている。

【読む能力】…段落相互の関係に気を付けて，事実と考えの区別をし，内容を正確につかむことができる。また，目的に応じた情報を選んで要約したり引用したりすることができる。

2 単元のポイント

教材の特徴

　ウナギの産卵場所を特定する調査についての報告文である。ウナギは日本各地の川や池にすんでおり，蒲焼きや寿司などで親しまれている食材である。実は2000kmも離れた南海で産卵し，はるばる日本までやってきているということに，子どもたちは驚きをもつことであろう。それ以外にも，産卵場所を検証するための調査方法や，数十年にわたって調査を行う研究員の情熱など様々なことに興味をもって読み進めることであろう。

　読み手の多様な興味に答える文章であるため，読み手が興味をもったところを中心に，要約や引用をして内容を紹介する言語活動に適している。紹介したい内容によって，キーワードが異なることを理解させるとともに，自分が興味をもったことや紹介したいことが何なのかを明確にさせ，それに応じた要約や引用を行わせるようにしたい。

付けたい力

　目的に応じて中心となる語や文をとらえ，文章を引用したり要約したりする力を付けさせる。前述の通り，紹介したい内容で中心となる語や文は異なるので，自分が何について取り上げたいのかを常に意識させる。また，内容を正しく読み取る力を付けるために，段落相互の関係や事実と考えとの関係を押さえ，文章の要点や細かい点に注意しながら読ませたい。

3 学習指導計画（全8時間）

次	時	○学習活動	●指導内容　◆評価　※留意点
一	1	○紹介文を書く学習をするということを知る。 ○要約について知る。 ○全文を読み，初読の感想を書く。 ○学習の見通しをもつ。	●紹介文の書き方や要約の仕方について学習するという見通しをもたせる。また，本文を読み，興味をもったところを中心にして初読の感想を書かせる。 ◆自分の興味をもったところを中心にして紹介文を書くという活動を理解し，意欲的に取り組もうとしている。 ※教材文を読むことへの興味付けを行う。また，感想は，どの記述から感じたものなのかを具体的に書かせるようにする。
	2	○初読の感想を交流し，自分が興味をもったところを明らかにする。	●初読の感想を発表させ，共通点や相違点を明らかにし，どんな点に興味をもったのかを短い言葉で簡潔にまとめさせる。 ◆一人一人の興味の違いに気付くとともに，自分が興味をもっていることを明らかにすることができる。 ※初読の感想と異なる点に，より興味を感じることがあった場合も認めるようにする。
二	3 ・ 4	○本文の構成と内容をとらえる。	●本文を「はじめ」「中」「終わり」に分け，まとまりごとに内容をとらえさせる。 ◆段落相互の関係や，事実と考えの関係に気を付け，内容を正確にとらえることができる。 ※時，調査方法，結果，考えの違いに気を付けて，調査の進め方を確かめさせる。
	5	○興味をもったことに沿って，大事なことを書き出す。	●まとまりごとに大事なことを抜き出し，ノートに書き出させる。 ◆自分が興味をもったことに沿って，大事な語や文をとらえて書き出すことができる。 ※本文にサイドラインを引いたうえで，書き出すようにさせる。また，自分なりにまとめて書くようにさせる。
三	6 ・ 7	○興味をもったところを中心に文章を要約し，紹介文を書く。	●紹介文の構成やそのよさについて理解させたうえで，本文を要約した紹介文を書かせる。 ◆自分が興味をもったことに沿って，文章全体を要約し，構成に気を付けて紹介文を書くことができる。 ※紹介文の中心となる要約から取り組ませるようにする。
	8	○紹介文を読み合い，感想を伝え合う。 ○学習を振り返り，まとめる。	●紹介文を読み合わせ，気付いたことや感じたことなどを話し合わせる。 ◆紹介文を読み，興味をもって取り上げた内容や文章表現の仕方の違い，その理由などに気付くことができる。 ※何に気を付けて書いたのかを事前に伝えてから，読み合わせるようにする。

1 ウナギのなぞを追って

8時間

準備物：拡大したウナギの画像，モデル紹介文の書籍

① ウナギについて知っていることを発表させる

「ウナギについて知っていることを発表しましょう。」

今後の学習は，子どもたちが興味をもったところを中心に進んでいくので，まずは，教材文を読むことへの興味をもたせるようにしたい。題名から内容を想像させるようにしたり，拡大したウナギの画像などを掲示したりして，興味を引くようにする。

② 教材，紹介文を書く学習をすることを伝える

「「ウナギのなぞを追って」という教材で，紹介文を書く学習をします。紹介文には，要約を用います。要約とは…」

教材について興味を高めるとともに，紹介文やその書き方について伝える。他の本の紹介文などを具体例として挙げると子どもたちが想像しやすい。

要約については，教科書 p.86 上「要約する」を読み，要約の仕方や，目的によって必要とする言葉が異なるものだということを押さえておく。

「伝えたい」気持ちを喚起する

　この1時間で最も大切なことは，子どもたちの教材への興味や紹介文を書くことへの意欲を喚起することです。

　本単元の言語活動として，「紹介文を書く」という活動を位置付けています。「書くこと」に苦手意識をもっている子どもは多く，「書く」と聞いただけでうんざりしてしまう子も中にはいるはずです。

　本来，「書く」といった活動は自己を表現するもの，つまり，思ったことを口にする「おしゃべり」と同じで楽しい活動のはずです。それにもかかわらず，嫌がる子どもが多いのは，「伝えたい」という気持ちがないのに書かざるを得ないということを，何度も経験させられているからではないでしょうか。上手に子どもたちの気持ちを高め，意欲的に取り組めるようにしてください。

- ●本時の目標：学習の見通しをもつことができる。
- ●本時の評価：自分の興味をもったところを中心にして紹介文を書くという活動を理解し，意欲的に取り組もうとしている。

3 本文の範読をし，初読の感想をノートに書かせる

範読後，感想をノートに書かせる。その際，どの記述からそう感じたのか，理由も書かせるようにする。手が止まっている子に対しては，机間指導を行い，ウナギの生態や研究者の努力についてどのように感じたのかを問いかけ，感想を明らかにさせる。

4 学習の流れを示し，単元の学習の見通しをもたせる

単元の学習についての大まかな流れを板書し，見通しをもたせる。また，子どもたちに，疑問に思ったことや興味をもっていることを問いかけ，必要があれば学習計画に取り入れるようにする。

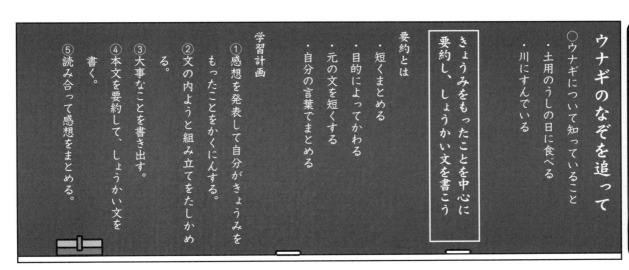

ウナギのなぞを追って
○ウナギについて知っていること
・土用のうしの日に食べる
・川にすんでいる

きょうみをもったことを中心に要約し，しょうかい文を書こう

要約とは
・短くまとめる
・目的によってかわる
・元の文を短くする
・自分の言葉でまとめる

学習計画
① 感想を発表して自分がきょうみをもったことをかくにんする。
② 文の内ようと組み立てをたしかめる。
③ 大事なことを書き出す。
④ 本文を要約して，しょうかい文を書く。
⑤ 読み合って感想をまとめる。

2　ウナギのなぞを追って

8時間　準備物：特になし

1　前時の学習を振り返り，本時の学習課題について確認する

前回は学習計画を立てましたね。今日はどんな学習をするのでしたか。

前時の学習を振り返らせ，学習した内容を確認するとともに，どんな学習課題をもっていたかについても想起させる。

2　前時に書いた感想を発表させる

どんな感想をもったのか，発表しましょう。

ただ読み上げるのではなく，自分なりにまとめて簡潔に発表させる。

発表された意見は板書し，子どもたちがどんなことに興味をもったのかが明らかになるようにする。その際，似た発言は近い位置に板書し，関連が明らかになるように留意する。

興味の中心を明確にする

本時では，子どもたちに，自分が興味をもっていることがどんなことなのかを明らかにさせることが大切です。

単元の最後に書く紹介文では，自分が伝えたいこと（＝興味をもっていること）に沿って，本文を要約します。つまり，自分がどんなことに興味をもっているのかが分からなければ，要約することができないということになります。要約の段階になってそのようなことにならないように，この時間で明らかにさせましょう。

具体的には，p.151③の「共通する感想をまとめる」活動にあたります。意見の関連が分かるよう関連付けて板書したり，「付け足し」のハンドサインを活用して類似した意見をまとめて発表させたりして，意見の共通点に気付かせ，短い言葉で具体的にまとめ，明確にさせましょう。

- **本時の目標**：感想を発表し，自分が興味をもったことについて確かめることができる。
- **本時の評価**：一人一人の興味の違いに気付くとともに，自分が興味をもっていることを明らかにすることができる。

③ 共通する感想をまとめさせる

教科書 p.84上の観点をもとにして，子どもたちがどんなことに興味をもったのかを短い言葉でまとめさせるようにする。そして，自分の感想がどれにあたるのかを考え，自分の興味の中心を明らかにさせる。

④ 次時の見通しをもたせる

内容や構成について理解していく中で，自分が興味をもったことが変化していってもよいことを確認しておく。

ウナギのなぞを追って

感想を発表し，きょうみをもったことをかくにんしよう

- どうして南の島でたまごを産むのか。
- 広い海でどうやってオスとメスが出会うのか。
  → ウナギの一生が分かっていないところ
- 日本から二千キロもはなれたところで生まれる。
  → 海流に流されて日本に来る。
- レプトセファルスの旅
- 今年もマリアナの海にやってきた。
  → 目の細かい大きなあみを使って集める作業。
- 毎年の船での調査
- 八十年近くの年月がかかっている。
  → 筆者は一九七三年から研究をしている。
- 一つの研究にかける年月
- 輪を数えれば生後何日かが分かる。
  → たんじょう日が新月の日前後に集まっている。
- なぞがとけていくところ
- 図やグラフ，写真で分かりやすく説明している。
- 「大きなかんせい」「にじ色にかがやいて」
  → 筆者の書きぶり　地図や写真

3・4 ウナギのなぞを追って
8時間

準備物：ワークシート（p.232）

1 第1時の学習を振り返り，本時の学習課題について確認する

どんな学習をするのか確認しましょう。

第1時の学習を振り返らせ，どんな学習課題をもっていたか確認する。

2 「はじめ」と「終わり」の内容をワークシートに書かせる

「はじめ」と「終わり」にはどんなことが書いてありますか？

教科書 p.85を参考にして，「はじめ」と「終わり」のページと行，書かれている内容をワークシートに記述させる。
　その後，「はじめ」と「終わり」で多用されている言葉や，文末表現を根拠にして，ウナギがたまごを産む場所を調査した報告文であることを明らかにさせる。

図や写真を手掛かりにして読み取る

　この2時間では，文章の構成と内容の読み取りを行います。

　説明文は，普通，「はじめ」「中」「終わり」に分かれ，まとまりごとに読み取る内容も変わります。まずは，「はじめ」と「終わり」から，筆者の伝えたいことが何であるのかを読み取りましょう。その際，多用されている言葉や文末表現，題名との関連などを根拠にして，考えさせるようにします。

　「中」では，説明の内容と工夫を読み取らせます。この文は調査報告文ですから，内容については，「どのような考えのもとで」「どのような調査をして」「どのような結果が出たのか」をとらえさせます。その際，手掛かりとなるのが，筆者の工夫でもある図と写真です。文章と対応させながら丁寧に読み進め，事実と考えの違いに気を付けながら正確に読み取らせましょう。

- **本時の目標**：本文の内容をまとまりごとにとらえることができる。
- **本時の評価**：段落相互の関係や，事実と考えの関係に気を付け，内容を正確にとらえることができる。

3 「中」を7段落までと8段落以降の二つに分け，内容をワークシートに書く

「中1」と「中2」のページと行，内容をワークシートに記述させる。その際，時間の経過に着目させたり，文末表現を手掛かりに考えと事実を区別させたりして，調査内容を整理させる。また，図や写真と対応させ，確認して内容を確実に押さえるようにする。

4 学習を振り返り，まとめる

新しく興味をもったことや，前の感想に付け足したいことなどについて考えさせることで，自分が最も興味をもったことを明らかにさせる。

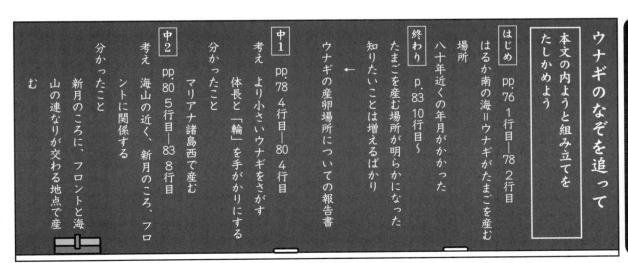

ウナギのなぞを追って

本文の内ようと組み立てをたしかめよう

はじめ pp.76 1行目―78 2行目
場所　はるか南の海＝ウナギがたまごを産む

終わり p.83 10行目～
八十年近くの年月がかかった
たまごを産む場所が明らかになった
知りたいことは増えるばかり
← ウナギの産卵場所についての報告書

中1 pp.78 4行目―80 4行目
考え　より小さいウナギをさがす
体長と「輪」を手がかりにする
分かったこと　マリアナ諸島西で産む

中2 pp.80 5行目―83 8行目
考え　海山の近く，新月のころ，フロントに関係する
分かったこと　新月のころに，フロント山の連なりが交わる地点で産む

5 ウナギのなぞを追って

8時間

準備物：前時で使用したワークシート

① 第1時の学習を振り返り，本時の学習課題について確認する

どんな学習をするのか確認しましょう。

第1時の学習を振り返らせ，どんな学習課題をもっていたか確認する。

② 教科書p.85の例を見て，整理の仕方を確認する

まとまりごとに大事な言葉を書き出していきましょう。

前回使用したワークシートを今回も使用する。教科書の例と本文を比べさせ，自分が興味をもったことを中心にして，大事な言葉を書き出させることを説明する。

進度の差をフォローする

　本時は，いよいよ要約のかなめとなる，大事な言葉を本文から書き出す活動を行います。これまでの学習を想起させ，自分が興味をもったこと（＝紹介したいこと）が何であったのかを確認し，それと関連する言葉を大事な言葉として書き出させましょう。

　本時は，子どもたちが各自で進める活動のため，学習の進み方に差が出ます。机間指導をこまめに行い，全員の進捗状況や内容を常に把握するようにしましょう。手が止まってしまっている子に対しては，一文ずつ一緒に読み，自分が興味をもったことと関連する言葉を考えさせるようにしましょう。

- **本時の目標**：大事な言葉は自分が興味をもったことによって変わることを理解するとともに、大事な言葉を必要に応じて短くまとめて書くことができる。
- **本時の評価**：自分が興味をもったことに沿って、大事な語や文をとらえて書き出すことができる。

③ 本文にサイドラインを引いてから、大事な言葉を書き出す

教科書にサイドラインを引きながら読み進ませることで、書き出す前に大事な言葉を絞り込ませることができる。

自分が興味をもったことが何であるのかを常に意識させ、それと関連の深い言葉をワークシートに書き出させるようにする。

机間指導をこまめに行い、大事な言葉を絞り切れていない子や手が止まっている子に対して、自分の興味の中心が何であるのかをもう一度考えさせる。

④ 書いたものを見せ合い、意見や感想を伝え合い、学習を振り返る

何に興味をもって、どのような言葉に注目して書き出したのかを明らかにさせたうえで、友達と書いたものを見せ合うようにする。

見せ合った後は、意見や感想を互いに述べさせ、必要があれば書いたものに取り入れさせる。

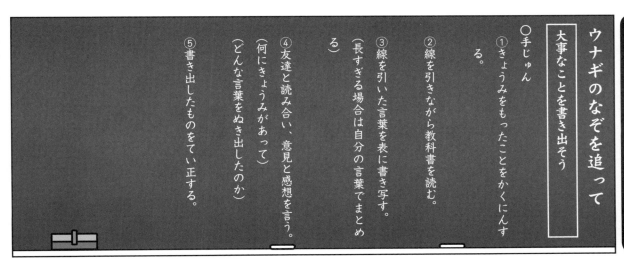

ウナギのなぞを追って

大事なことを書き出そう

○手じゅん
① きょうみをもったことをかくにんする。
② 線を引きながら教科書を読む。
③ 線を引いた言葉を表に書き写す。（長すぎる場合は自分の言葉でまとめる）
④ 友達と読み合い、意見と感想を言う。（何にきょうみがあって　どんな言葉をぬき出したのか）
⑤ 書き出したものをてい正する。

第5時　155

6・7 ウナギのなぞを追って
8時間
準備物：前時に使用したワークシート，原稿用紙

1 第1時の学習を振り返り，本時の学習課題について確認する

第1時の学習を振り返らせ，どんな学習課題をもっていたか確認する。

2 教科書pp.84-85下を見て，紹介文の構成を確認する

「何の話か」「要約」「感想」といった構成で書くことを確認する。
　工夫については，こういった構成で書くことのよさをとらえさせる。その他の工夫については，紹介したいことを伝えるうえで，どのような効果を発揮しているのかに着目して考えさせる。

📝 伝えたいことを意識させながら

　前時までに書いたワークシートをもとにして，本文を要約し，紹介文を書きます。まずは，本文の要約から取り組ませるとよいでしょう。教科書の例のように，ワークシートに書き出した大事な言葉を使って，本文を要約します。その際，必要に応じてもとの文章の構成を生かしたり，自分の言葉で短くまとめたりして書かせるようにしましょう。次に，読み手の興味を引く書き出しを考えさせたり，感想をまとめさせたりします。最後に，最初から最後まで通して読ませ，自分の伝えたいことに沿って紹介文を書くことができているか確かめさせたうえで，間違いを訂正させたり，よりよい表現となるように工夫させたりします。
　子どもたちには，常に「自分が何を伝えたいのか」を意識させることが大切です。

- **本時の目標**：必要な情報を選び出し，興味をもったことに沿って文章全体を要約することができる。
- **本時の評価**：これまでに書き出したものから必要な情報を選んで文章全体を要約し，構成に気を付けて紹介文を書くことができる。

③ 本文を要約し，それを中心にして紹介文を書く

教科書 p.86 上の「要約する」を読んで，要約の仕方を再確認する。

その後，これまでに書き出したワークシートや教科書を参考にして，原稿用紙1枚を目安にして，紹介文を書かせる。

まずは，紹介文の中心となる要約から行わせ，その後に「はじめ」と「終わり」を書かせるようにする。

こまめに机間指導を行い，書いている内容が子どもたちの興味に沿ったものであるのかを確認する。

④ 書いたものを読み返す

「何の話か」「要約」「感想」といった構成で，自分の紹介したいことが分かりやすく書くことができているか確認させる。

また，要約した文章が自分の紹介したいことに沿って書けているのかを確認させる。

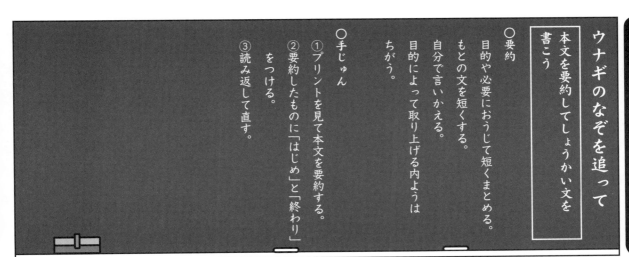

ウナギのなぞを追って

本文を要約してしょうかい文を書こう

○要約
・目的や必要におうじて短くまとめる。
・もとの文を短くする。
・自分で言いかえる。
・目的によって取り上げる内ようはちがう。

○手じゅん
① プリントを見て本文を要約する。
② 要約したものに「はじめ」と「終わり」をつける。
③ 読み返して直す。

8 ウナギのなぞを追って

8時間

準備物：前時に書いた紹介文，感想をまとめるワークシート（p.233）

❶ 第1時の学習を振り返り，本時の学習課題について確認する

第1時の学習を振り返らせ，どんな学習課題をもっていたか確認する。

❷ 感想を読み合う観点を確認する

これまでに学習してきた内容が，紹介文に反映されているかという観点で読むことを確認する。また，自分の考えや表現方法との共通点や相違点に着目させることで，多様な考えや表現方法があることに気付かせるようにする。

📝 分析的かつ具体的に読み合う

　これまでの学習で気を付けてきたことを振り返り，それをどのように表現しているのか，また，どのくらい効果的に表すことができているのかという点に気を付けさせて，分析的に読み合わせましょう。

　また，今後に生かすことのできる能力を身に付けさせるために，感想は，「分かりやすかった」「工夫されていた」といった漠然としたものではなく，どの記述からどのように感じたのかを具体的に述べるようにさせましょう。よい点と改善点の両方を見付けて伝えさせることも大切です。

　説明の時間を短縮するためと，全員の足並みをそろえて学習を進めるために，穴埋め式のワークシートを用意しておくことをおすすめします。

- **本時の目標**：紹介文の内容や表現方法の違いに気付くことができる。
- **本時の評価**：紹介文を読み，興味をもって取り上げた内容や文章表現の仕方の違い，その理由などに気付くことができる。

③ 紹介文を読み合い，感想を伝え合う

どんなことを紹介しようと思って書いたのかを伝えてから読み合い，感想を伝え合いましょう。

どのような意図をもって紹介文を書いたのかを明らかにさせてから，紹介文を読み合わせ，感想を伝え合わせる。感想は，確認した観点をもとにして，どの記述からそう思ったのかを具体的に述べさせる。

④ 学習を振り返り，まとめる

学習を振り返って，分かったことやできるようになったことをノートに書き，発表しましょう。

これまでの学習内容を具体的に振り返り，分かったことやできるようになったことをノートに書かせて発表させることで，事実と考えの関係に気を付けて読むことや，目的に応じた要約の仕方を理解することができたかどうかを確認する。

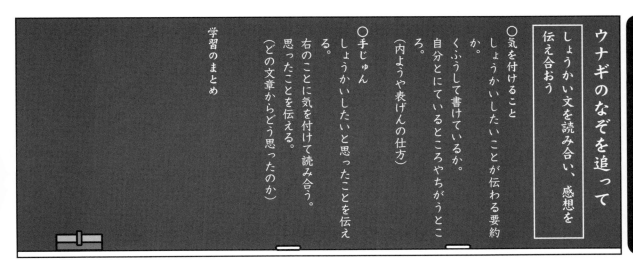

ウナギのなぞを追って

しょうかい文を読み合い，感想を伝え合おう

○気を付けること
　しょうかいしたいことが伝わる要約か。
　くふうして書けているか。
　自分とにているところやちがうところ。
　（内ようや表げんの仕方）

○手じゅん
　しょうかいしたいと思ったことを伝える。
　右のことに気を付けて読み合う。
　思ったことを伝える。
　（どの文章からどう思ったのか）

学習のまとめ

漢字の広場⑤

1 単元目標・評価
・3年生で学習した漢字を読んだり書いたりすることができる。
・3年生で学習した漢字を使って、短文を書くことができる。

【関心・意欲・態度】…3年生で学習した漢字を使って、短文を書こうとしている。
【言語についての知識・理解・技能】…3年生で習った漢字を正しく使うことができる。

2 単元のポイント

教材の特徴
　本単元は、漢字の復習を目的として、定期的に設定されている単元である。子どもたちは、作文や日記などの場面で既習の漢字を積極的に使用できていないことが多い。そこで、本単元を活用して、子どもたちが漢字を日常的に使用できるように、確実に身に付けさせたい。

言語活動
　本単元は、3年生で習った漢字の復習を行い、子どもたちに漢字を確実に身に付けさせ、日常の中で正しく使うことができるようにすることを目的としている。
　新出漢字の学習では、新しい漢字をただ文字として学習し、漢字の意味やどういった文脈で使われるのかまでを学習できないことが多い。そこで本単元では、教科書の漢字を使って文を書く学習を行いたい。
　また、子どもたちはゲームや競争が好きである。ただ文を書くだけではなく、なるべくたくさんの言葉を使うように促したり、お話を考えさせたりしても面白い。
　もし時間に余裕があれば、教科書に載っている漢字をフラッシュカードとして準備しておくと授業をスムーズに進めやすい。さらに、トランプ大のカードを準備し、引いた漢字を使って文を考えたり、グループで文を作る速さの競争をさせたりしてもよい。

3 学習指導計画（全2時間）

次	時	○学習活動	●指導内容　◆評価　※留意点
一	1・2	○教科書に載っている漢字を音読した後，複数の熟語を選んで文を作る。	●教科書に載っている漢字を音読させた後で，二つ以上の漢字を使って文を作らせる。 ◆漢字を正しく読んだり書いたりすることができる。 ◆教科書に載っている漢字を使って，文を書くことができる。 ※教科書に載っている漢字を黒板に貼り出せるように，フラッシュカードとして準備しておくとよい。

・COLUMN・

漢字の学習を工夫しよう！

　みなさんは，新出漢字の学習をどのように行っていますか。

　教師がポイントを説明し，空書きをさせ，後はドリルに書かせる……と授業時間内に取り上げるならばまだしも，宿題にしてしまい，特に説明はしないというケースもあるようです。

　漢字を覚えるには，ただ繰り返し練習するしかないのでしょうか？　確かに繰り返し練習することで，覚えることもできると思います。しかし，その学習方法は，多くの子どもにとって苦痛であり，漢字嫌いをつくり出す要因になってしまっています。

　そこで，新出漢字の学習のときに，一工夫してみましょう。

　例えば，新出漢字を使って熟語を考える，短文を作る，同じ読み方の漢字を考えさせる，同じ部首をもつ漢字を考えさせるなどです。空書きを互いに見合わせても面白いでしょう。

　また，少しでいいので，子どもたちにとって楽しい要素を学習に取り入れてみることも大切です。例えば，新出漢字をばらばらにしたパズルです。「羽」＋「白」で「習」といった具合です。これを，三つぐらいの漢字を交ぜてやらせると，一気に難しくなります。しかし，子どもたちは楽しんで取り組みます。

　普段から漢字をきちんと使おうとする子どもは，覚えが早いものです。日記指導，ノート指導など様々な場面で，既習の漢字を使うように子どもたちに声をかけてください。

1・2 漢字の広場⑤

2時間

準備物：教科書 p.87に載っている漢字のフラッシュカード

❶ 漢字の音読を行う

まず，漢字の読み方の復習を行う。最初の数問は黒板に貼り出して一斉に読ませ，残りのものは，グループや個別で答えさせるとよい。カードの示し方を工夫したり，指示棒を利用したりして，楽しみながらスピーディーに何度も行えるとよい。

❷ 漢字を使った短文づくりを行う

ここでは，教科書のイラストを参考に文を作らせることで，誰もが安心して学習に取り組むことができるようにする。

苦手な子は一つ使えばよいとし，得意な子はたくさん使うように声をかけることで，それぞれの学習の理解度に合わせて取り組むことができるようにしたい。

🖊 覚えた漢字を保護者に知らせる

漢字を覚える速度は，普段どれだけ漢字に触れているのかということに比例します。たくさん本を読む子，積極的に漢字を使おうとする子は，どんどん漢字を覚えていきます。そこで，どんな漢字を学習したのか，ぜひ保護者にもお知らせするようにしましょう。学級通信を発行しているのであれば，そこでお知らせするのがよいでしょう。漢字ドリルのページごとに保護者にサインをもらうというのもよいでしょう。

🖊 漢字が苦手な子への支援

正しく文字の形を認識できない子には，大きく書いてあげるだけでも随分と違います。あわせて，漢字練習用のノートもマスのサイズが大きめのものを用意するように声をかけるとよいでしょう。

- **本時の目標**：3年生で学習した漢字を使って短文を書くことができる。
- **本時の評価**：漢字を正しく使って短い文を書いている。

③ できた短文を発表する

複数の文を作ることができている子どもをまず数人当てて発表させて、正答の観点「どこで・どんな人が・どんなことをしている」の三つがきちんと押さえられている必要があることを確認する。その後、隣同士で発表させ、〇付けを行わせる。

④ 短文づくりゲームを行う

ゲーム的に取り組ませることで、みんなが積極的に参加できるようにしたい。また、この場合でも「どこで・どんな人が・どんなことをしている」の3観点は意識して書くようにさせたい。
上記の例は教師がカードを引いて示しているが、グループの数の分のカードを用意し、グループごとに取り組ませてもよい。

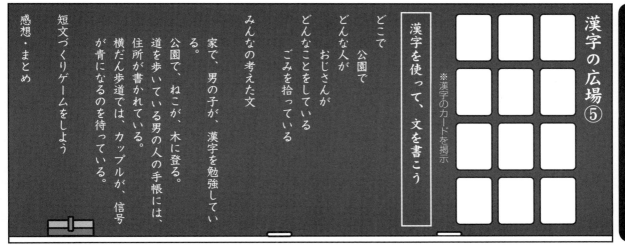

大事なことを落とさずに聞こう

聞き取りメモの工夫

6時間

1 単元目標・評価
・メモの取り方の工夫について考え，大事なことを落とさずにメモを取りながら聞くことができる。
・生活の様々な場面で，メモを取ろうとする態度を養う。

【関心・意欲・態度】…メモを取った経験を想起し，目的に合ったメモの取り方を考えるとともに，日常生活に生かそうとしている。
【聞く能力】…大事なことを落とさずに，工夫してメモを取りながら話を聞いている。

2 単元のポイント
付けたい力

　メモを取りながら話を聞くということは，書きながら聞くことである。これは，子どもたちにとって難しいことである。しかし，日常の生活の中でも，メモを取りながら話を聞く場面はたくさんあり，メモを取ることを習慣化させていくことは大切なことである。ここでは，メモを取ることの必要性を感じさせ，楽しくメモを取る活動を取り入れることによって，子どもたちが自らメモを取りたくなり，メモを取ることが日常化するようにしていきたい。

　また，メモを取ることは，他の教科，学習活動で活用できることである。学校内の学習だけではなく，校外学習でもメモを取る機会は多い。国語の時間に留まることなく，教師が他の場面でも活用させることを意識することによって，子どもたちにメモを取る力，習慣をつけていくことができる。

　注意しなければならないのは，この単元で学ぶメモの工夫は，一例であるということである。最終的に子どもが自分に合ったよりよいメモの取り方を習得していくことが大事なのである。

3 学習指導計画（全6時間）

次	時	○学習活動	●指導内容　◆評価　※留意点
一	1	○これまでのメモを取ったことのある場面を思い出し，メモについてのイメージをふくらませる。	●メモを取る場面を想起させ，これからの学習の見通しをもたせる。 ◆メモを取ったときの経験を思い出し，何のためにメモを取るのかを理解している。
	2	○どのようにすればメモを早く取ることができるかを考え，そのための工夫を見付ける。	●教科書 p.90のメモの手本を比べ，メモを早く正しく書くことのできる工夫を考えさせる。 ◆メモの取り方の工夫を見付けている。
二	3	○「短い言葉，平仮名，箇条書き」の工夫をして，メモを取る練習をする。	●「短い言葉，平仮名，箇条書き」の工夫をして，メモを取ることができるようにする。 ◆「短い言葉，平仮名，箇条書き」の工夫をして，メモを取っている。 ※メモのイメージをもてるように，上手に書いた子どものメモをモニターに映す。
	4	○記号を使って，メモを取る練習をする。	●記号を使ってメモを取ることができるようにする。 ◆記号を使ってメモを取っている。
	5	○メモを取りやすい話し方について考える。	●これまでのメモを取る学習の経験から，メモを取りやすい話し方を知る。 ◆聞き手がメモを取りやすい話し方について理解している。 ※この1時間でできるようになるものではなく，今後も学んだ点に気を付けて話をさせるよう，意識付けをする。
	6	○目的に合ったメモの取り方について考える。	●自分が分かればよいメモ，他者に読んでもらうメモを区別している。 ◆他者が読んでも内容の分かるメモを取ることができている。

聞き取りメモの工夫

6時間　準備物：特になし

① これまでのメモを取った経験を思い出す

「これまで，どんなときにメモを取りましたか。」

自分がこれまでに生活の中でメモを取った場面を思い出し，どんなときにメモを取ったのかを書いていく。

② 自分のメモを取った経験を交流する

「おつかいを頼まれたときに，買うものをメモしました。」

子どもたちからは，「おつかいに行ったとき，買い物をメモした」「社会見学のときに，見たこととかをメモした」「家の人が留守のときに，電話がかかってきたらメモしている」「連絡帳を書いているのもメモだ」「物を買ったときなど，おこづかい帳をつけている」などが出る。それらを黒板に書いていく。

✎ 具体的な見通しをもたせる

　単元の導入，１時間目の授業です。どの単元でもそうですが，これからどんな学習をしていくのかという見通しを，なるべく具体的にもたせたいものです。また，メモを取る必要性を感じさせ，「メモを取ることは大事だな，練習していこう」という気持ち，意欲も高めていかせましょう。

- **本時の目標**：メモを取る具体的な場面を想起し，工夫してメモを取るという単元の学習の見通しをもつ。
- **本時の評価**：メモを取った経験から，何のために，どのようにメモを取っているのかを考えている。

3 メモを取る具体的場面について詳しく考える

　左記②で出た具体的場面をさらに詳しく考える。「何のためにメモをしているのか（もしもメモを取らなかったら…？）」や「どのように書いたか」ということを考えていく。
　子どもから出た考えを，整理しながら黒板に書いていく。

4 今後の学習の見通しをもつ

　忘れないよう後で振り返ることができるようにするためにメモを取る。メモを「早く・正しく」取るための工夫を考えて，練習していくというこれからの学習の見通しをもたせていく。

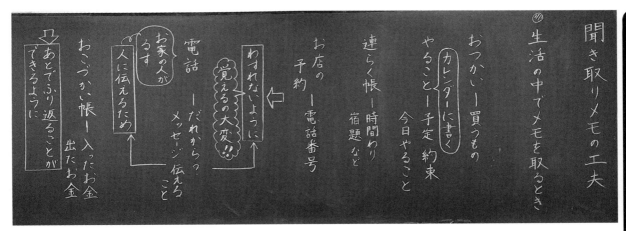

聞き取りメモの工夫

準備物：モニター，教科書 p.90「宮下さんのメモ」「森田さんのメモ」の映像，又は拡大（「宮下さんのメモ」「森田さんのメモ」を子どもの数印刷したもの），四つ切り画用紙

1 教科書 p.89②を実際にメモに取ってみる

教師が教科書 p.89②の文章を読み，メモを取る体験をする。その際，教科書にもあるように，何のためにメモを取るのかを確認しておく。

2 教科書 p.90「宮下さんのメモ」「森田さんのメモ」の工夫を見付ける

左記①で取った自分のメモと教科書 p.90 にある「宮下さんのメモ」「森田さんのメモ」を比べ，メモの取り方の工夫を見付け，ノートに書く。
　宮下さん，森田さんのメモをあらかじめ印刷しておき，切り取ってノートに貼らせるとよい。

📝 学びのつながりを意識させる

　見付けたメモの工夫を四つ切りの画用紙に書いておき，単元の中でいつでも振り返ることができるようにしておきましょう。「４年○組が見付けたメモの取り方の工夫」などとオリジナルの題名を付けておくと，子どもたちは進んで工夫を使おうとします。

📝 ノートに貼っておくわけ

　上記②の学習において，教科書の一部分を印刷してノートに貼らせる活動をします。理由は二つあります。一つは，教科書に書いてある工夫を読ませたくないからです。子どもたち自身に工夫を考えさせたいので，教科書を開かずに進めていきます。二つ目は，ノートに貼っておくことで，書き込みながら工夫を考えることができるからです。

- **本時の目標**：二つのメモの取り方の例から，メモを早く正しく書くことのできる工夫を見付けることができる。
- **本時の評価**：「短い言葉，平仮名，箇条書き，記号」が，早く正しくメモを取る工夫であることに気付いている。

3 「宮下さんのメモ」「森田さんのメモ」の工夫について話し合う

見付けた工夫を子どもたちが発表していく。なぜそのような工夫が必要なのかも，同時に問い返しながら話合いを進めていきたい。話合いについていけない子どもが出ないように，どこのことを話しているのか，メモを拡大したもので確認したり，「なぜその工夫が必要なのか」ということも，グループで考えさせたり確認させたりするという活動も入れていく。

4 次時の予告をする

本時を振り返るとともに，次時の予告をして終わる。

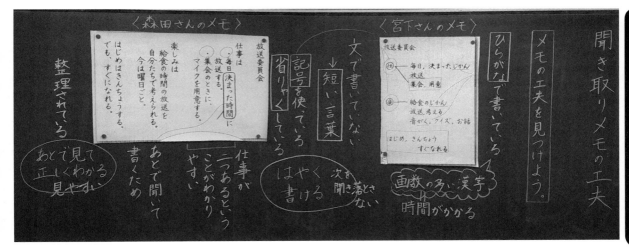

聞き取りメモの工夫（2/6時間）

第2時　169

3 聞き取りメモの工夫

6時間

準備物：モニター，投影機，又はタブレット端末

1 言葉を聞き取り，メモをする

教師は，「今から言う言葉を，国語辞典に載っている順番に並べてください」とノートを開かせた後に，突然はじめる。「さくしゃ」「しゃかい」「ざせき」「しゅってん」「じめん」とメモを取る間もなく，早口で伝える。子どもからは「メモしないと分からない！もう１回！」などと声があがるだろう。
もう一度，メモの取れる早さで伝える。

2 箇条書きのよさを知る

メモを取らせた後，国語辞典に載っている順番に並べる。そして，「工夫してメモを取った人？」と問い，工夫を共有する。聞き取った言葉を横に書く子どもと縦につなげて書く子ども，漢字で書く子ども，平仮名で書く子ども，様々である。どの書き方がこの目的に合っているかを話し合わせながら，平仮名で言葉ごとに横に並べて書いていくことが望ましいことに気付かせたい。

✎ モニターに映し出して共有する

子どものノートなどを全体に示したいときに，大型モニターに映し出すと効果的です。投影機をつないで直接映し出したり，タブレット端末で写真を撮ってそれを映したりします。言葉だけでは説明のできないことも，映像を見れば視覚的に伝えたり，理解できたりします。

✎ ③の学習で使える例文

2016年の２月15日月曜日に遠足に行きます。行き先は大阪城(おおさかじょう)公園です。まずバスに乗ります。その後地下鉄に乗りかえます。地下鉄の駅からは徒歩です。持ち物は，５つあります。おべん当，水とう，しきもの，ぼうし，ハンカチです。８時30分までに教室に集合してください。おくれないように気をつけてくださいね。

●本時の目標：「短い言葉，平仮名，箇条書き」の工夫で，メモを取ることができる。
●本時の評価：「短い言葉，平仮名，箇条書き」の工夫で，メモを取っている。

3 話を聞いて「早く・正しく」メモを取る練習をする

教師は，「後で見て，内容の分かるメモを取ってくださいね」と話し，左下の「③の学習で使える例文」に掲載している文を読み上げ，メモを取らせる。メモを取らせた後，「遠足はいつですか？」「どこに行くのですか？」など，内容を問う質問をして，メモを取ることができているか確認していく。

4 どんなメモを取ったかを共有し，振り返る

「どんな工夫をしましたか？」と問いかけ，発言させる。どんなメモなのかを共有できるよう，モニターに映していく。「短い言葉で書いているか」「持ち物を箇条書きで書いているか」「あえて平仮名で書いているところはないか」などのポイントを押さえたい。記号を使った子どもがいれば，それを取り上げてもよい。

📖 子どものノート

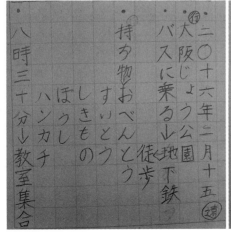

第3時　171

4 聞き取りメモの工夫

6時間

準備物：モニター，投影機，又はタブレット端末，記号クイズ

❶ 記号を使った書き方を練習する

どんな記号を使えばいいのかをクイズ形式で考える。下の「クイズ形式で導入する」のようなスライドを用意する。スライドが用意できない場合は，画用紙に大きく書いてもよい。
教師「クイズをします。次のような記号がメモに書いてありました。どういう意味を表していると思いますか？」

❷ 話を聞いて，記号を使ってメモを取る

これまでの学習の中でも，記号を使った工夫を取り上げてきた。しかし，全員のものになり，使えるようになっているのではない。ここでは，記号を使ってメモを取る練習をする。「後でメモを見て，作れるようにしましょう」と話す。右下の「工作用紙ブーメランの作り方」をゆっくりと話し，子どもに聞き取らせ，メモをさせる。

 クイズ形式で導入する

　この時間は，記号を使ってメモを取るよさを学び，使えるようにするのがめあてです。しかし，記号のイメージをもてない子どももいます。したがって，はじめに，どういうふうに記号を書けばいいのかを学びます。「記号を使ってみたい」と子どもが思えるように，楽しくクイズ形式で授業をスタートします。学習の苦手な子どもほど，その時間の導入に工夫をもたせると，学習に入りやすくなります。

| 時　場
・日時　・場所
・時間 | バ→電→歩
まず，バスに乗る。　順番を表す。
次に，電車に乗る。　①，
そして，歩く。　　　②，
　　　　　　　　　　③．
　　　　　　　　と，順番でも表せる。 | ×　　○　　？　　★
・ダメ　・OK！　・わからない　・大事
・きんし　・大事　・なぜ　・見て！
・まちがい　　　　・あとでしつもん |

●本時の目標：記号を使ってメモを取ることができる。
●本時の評価：記号を使ってメモを取っている。

 3 どんなメモを取ったのかを共有する

ノートを見せ合う。自分の工夫や，友達の工夫をグループで交流し，全体で発表する。
「20cm×3cm×3個にしたよ」「けがを×と表したよ」「用意の用と遊び方の遊に丸を付けたよ」「角，丸」などが出る。

4 1時間の学習をまとめる

「早く・正しく」メモを取るためには，様々な工夫があることを振り返る。こうしなければならないということではなく，メモを取りやすい方法を自分なりに考えていくことが大事であると最後に押さえる。

📖 工作用紙ブーメランの作り方

用意するもの	工作用紙，はさみ，ホチキス，セロハンテープ
作り方	①工作用紙を20cm×3cmの大きさに，3個分切ります。 ②三つの角度を調節して重ねて，ホチキスで3か所くらいとめます。 ③ホチキスのしんをかくすように，セロハンテープをはります。（けがをしないため） ④はさみで角を丸くします。（けがをしないため） ⑤ブーメランの三つの羽根に，丸みをつけます。少しだけ曲げることで，うまくもどってきます。
遊び方	上から下に投げ下ろすように回転をつけて，たてに投げます。

5 聞き取りメモの工夫

6時間　準備物：特になし

1 メモを取る練習をする

教師「好きな食べ物を三つ，頭に思い浮かべてください。今から教室を自由に動き回って，3人と好きな食べ物を伝え合ってください。後で，聞いたことを教えてもらいます。合図があったら，途中でも自分の席に戻ってください」

2 相手に合わせた話し方について考える

ゆっくり話すなど，聞き手の立場に立った話し方をすると，メモを取りやすいですね。

教師「○○さんの好きな食べ物は何でしたか？」
子ども「いちごとラーメンとチョコレートです」
教師「よくメモをしていましたね」
教師「ところで，メモをするときに，メモしやすかった人の話し方って，どんな話し方でしたか？」
子ども「ゆっくり大きな声で言ってくれた」
子ども「メモを書き終わるまで待ってくれた」

✎ 聞き手の立場になって考える

　上記③の学習では，第3時でメモした文章をもう一度使います。まずは，メモを取った聞き手の立場から，この文章のどの表現がメモを取るのに分かりやすかったのかを考えさせます。その後，もっと聞き手にとって分かりやすくなるには，どのように変えたらいいのかを考えさせていきましょう。以前に自分でメモをした文章なので，「こうだったらいい」というのが考えやすいでしょう。

- **本時の目標**：聞き手の立場から，メモを取りやすい話し方（ゆっくり・はっきり，大事なところを強調，前置きの言葉）について考える。
- **本時の評価**：メモを取った経験から，メモを取りやすい話し方を考えている。

3 どのような話し方をすると，メモを取りやすいかを考える

p.170下の遠足の説明を黒板に書くか，打ち込んだものの拡大を貼る。
教師「相手にメモを取ってもらう話し手の立場なら，どのように話しますか？ 聞き手の立場になって考えましょう」
「はじめに何を話すか言ってくれたら，メモを取りやすい」などの言葉を引き出す。

4 1時間の学習をまとめる

どのような話し方をすれば，聞き手がメモを取りやすいかを振り返って，ノートに書かせる。
時間があれば，実際に話し手と聞き手に分かれてメモを取る活動をいれてもよい。

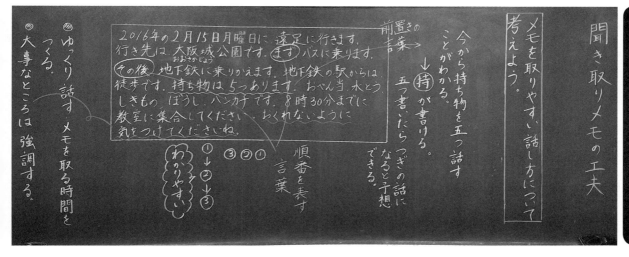

6 聞き取りメモの工夫
6時間　準備物：特になし

1 電話を取って，メモをした場面を思い出す

　第1時でも，メモを取った経験を思い出したが，ここでは自分が分かるメモではなく，人に渡すメモを取る場面を特に取り上げる。
　この1時間は，今まで練習してきた書き方と変えなければならないということを意識させる。

2 誰かに渡すメモの取り方を考える

　電話を取ったときのことを想定させる。電話を取ったものの，保護者が不在でメモを書いて渡さなければならない場合，どんなメモを取るか，ということを考えさせる。
・丁寧に読める字で
・短過ぎても分からない
・間違いがあったら困るから正確にメモをする
・自分しか分からない記号は使わない　　　　　など

目的に合わせた力を付ける
　これまでのメモの取り方は，自分が分かるためのメモの取り方です。本時は，誰かに伝えるためのメモの取り方を考えていきます。目的に合わせて，メモの取り方を変えていくことが必要であることを学び取らせていくのが目標です。

- ●本時の目標：目的に合わせたメモの取り方を考え，他者に渡すメモの取り方を知る。
- ●本時の評価：自分が分かるメモと，他者が分かるメモの書き方の違いが分かる。

3 誰かに渡すメモを実際に取ってみる

今ここにいない人に，メモを書いて置いておくことを想定してメモを取る。

下記の文例を用いるなどして，実際にメモを取らせてみる。

電話の場面なので，聞き返すことをするかもしれないが，それも受け入れる。「記号は，相手が分からないものは使わないようにしないと」「丁寧に書かないとね」「最後のメッセージは，きっちり書かないといけないね」などの意見が出される。

4 1時間の学習をまとめる

教師は，「目的に合わせて，メモの取り方を工夫しなければならないね」「メモの取り方を学んだので，授業中，ノートにも先生や友達が言ったことを聞き取ってメモできるようになるといいですね」と語って終わるようにすると，ノート指導にもつながる。

📖 文例

> ○○さんに伝えておいてください。
> 25日の土曜日の約束のことです。待ち合わせ場所を駅前の本屋から，駅の改札に変こうになったということを伝えておいてください。もし何かわからないことがあったら，012－345－6789の田中まで連らくお願いします。よろしくお願いします。久しぶりにお会いできるのを楽しみにしているとお伝えください。

聞き取りメモの工夫（6／6時間）

熟語の意味

1 単元目標・評価

・熟語の意味や構成を理解し，適切に使用することができる。

【関心・意欲・態度】…熟語に関心をもち，進んで熟語を集めようとしている。
【言語についての知識・理解・技能】…訓を手掛かりに熟語の意味や構成を理解し，適切に使用している。

2 単元のポイント

教材の特徴

これまでの学習で，子どもたちはたくさんの熟語に出合ってきている。漢字の反復練習ばかりの学習では，漢字への抵抗感が増し，漢字習得への意欲が低下する子どもも出てくる。
　本単元では，漢字それぞれがもつ意味に着目させることで，興味・関心の喚起を図りたい。
　漢字には，音と訓があり，訓を手掛かりにすることで，熟語の意味が理解できることがある。また，熟語は，漢字の組み合わせを手掛かりにすることで，熟語の意味を理解することができる。1単位時間の中で，訓を手掛かりに熟語の意味を考えたり，漢字の組み合わせを手掛かりに熟語の意味を考えたりするなど，熟語の意味や構成を理解する力を身に付けさせていく。また，熟語集めや熟語の分類をするなど，適切に使用することができる力も身に付けさせていきたい。

言語活動

本単元では，言語活動として「熟語集め」「熟語の分類」を設定した。これらの活動を行うためには，熟語の定義，訓や漢字の組み合わせを手掛かりにした熟語の意味の理解→熟語集め→熟語の分類というステップを踏んでいく必要がある。よって，一つ一つの学習活動に必然性・必要感が生まれる。どんな意見でも教師や友達が温かく受け入れてくれるという雰囲気づくりを心がけながら，「みんなで問題を解くことは楽しい」という経験を積ませると同時に，本単元で身に付けさせるべき力をはぐくんでいきたい。

3 学習指導計画（全2時間）

次	時	○学習活動	●指導内容　◆評価　※留意点
一	1	○熟語の定義を確認し，熟語を集める。 ○熟語の意味を考える。 ○教科書 p.92の例の熟語を，訓を手掛かりにして意味を考える。 ○訓を手掛かりにすると，意味が分かる熟語を集める。	●熟語の定義を理解し，訓を手掛かりに，熟語の意味を考える。 ◆熟語の定義を理解し，訓を手掛かりに，熟語の意味を考えている。 ※分からない言葉や漢字を調べるために，国語辞典や漢字辞典を活用する。
二	2	○似た意味をもつ漢字の組み合わせについて考え，熟語を集める。 ○反対の意味をもつ漢字の組み合わせについて考え，熟語を集める。 ○修飾の関係にある漢字の組み合わせについて考え，熟語を集める。 ○漢字の組み合わせを手掛かりにして，教科書 p.93の例題の熟語の意味を考え分類する。	●漢字の組み合わせを手掛かりにして，熟語の意味を考える。 ◆漢字の組み合わせを手掛かりにして，熟語の意味を考えようとしている。 ※分からない言葉や漢字を調べるために，国語辞典や漢字辞典を活用する。

熟語の意味

準備物：国語辞典，漢字辞典，漢字ドリル

1 熟語の定義を確認し，熟語を集める

まず「熟語」は，「二字以上の漢字の組み合わせでできた言葉である」という定義について確認し，板書にも位置付ける。

次に，「今から，熟語をできるだけたくさんノートに書きます。時間は5分間です。よーい，どん！」のように，できるだけたくさんの知っている熟語を集めさせる。

そして，「時間です。ノートに書けた熟語を発表してください」という指示で，子どもたちは，「給食」「黒板」など自分の知っている熟語や身の回りから探した熟語を交流することができるであろう。

2 熟語の意味を考える

まず「等分」「改良」という熟語を板書する。次に，読み方を考えさせる。読み方が分からない子どもには，国語辞典，漢字辞典で調べさせてもよい。

そして，「等分」「改良」の意味について考えさせる。「等分」は「ひとしくわける」，「改良」は「あらためてよくする」という意味であることをとらえさせる。

ここで，「漢字をもとに意味を考えていたようだけど，四つの読み方に共通点はありませんか？」と発問する。「分かった，四つの読み方が全部訓読みになっている！」などの反応を引き出したい。「訓を手掛かりにすると熟語の意味が分かる」ことをとらえさせる。

📝 語彙の習熟を図るために

「熟語」は，「二字以上の漢字の組み合わせでできた言葉である」という定義について確認し，学級全員で共通理解を図ります。そのうえで，一定時間内にできるだけたくさんの自分の知っている熟語や身の回りから探した熟語を集め，交流することで，「熟語」の理解が深まります。

- ●本時の目標：熟語の定義を理解し、訓を手掛かりに、熟語の意味を考える。
- ●本時の評価：熟語の定義を理解し、訓を手掛かりに、熟語の意味を考えている。

3 教科書 p.92 の例の熟語を、訓を手掛かりにして意味を考える

4 訓を手掛かりにすると意味が分かる熟語を集める

「訓を手掛かりにすると熟語の意味が分かる」という学習したことを活用できる場面にしていきたい。手が止まってしまった子どもには、国語辞典・漢字辞典・教科書・漢字ドリル等の熟語を参考にしてよいことを伝える。また、どうしても思いつかない場合には「ペア交流」「1分間お散歩」などの時間を確保し、すらすらできている子どものノートを参考にさせるなどの方法もある。教師がヒントを出すことも必要になってくるかもしれない。

「訓を手掛かりにすると意味が分かる熟語には、どのようなものがあるのか」を幾つか子どもたちとやりとりをして、例を挙げながら学級全員で共通理解を図る。その後、一人一人のノートに自分の考えを記述させ、全体で交流していく。自分たちが発見した「訓を手掛かりにすると意味が分かる熟語」を全体交流することで、「熟語を考えてよかった！」「○○さんの発言がなるほどと思った！」「また、熟語を見付けてみたい！」のような主体的な学び手の姿を期待したい。

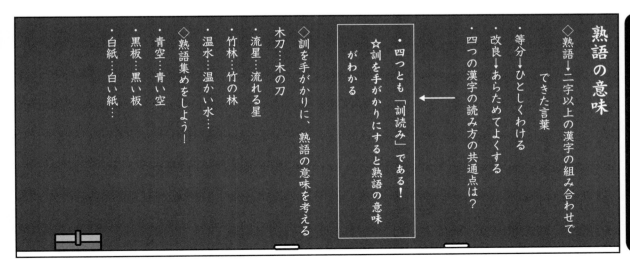

熟語の意味

2時間

準備物：国語辞典，漢字辞典，漢字ドリル

❶ 似た意味をもつ漢字の組み合わせについて考え，熟語を集める

「願望」「救助」とは，どんな意味ですか？

「願望」「救助」と板書し，「願望」「救助」の意味を考えさせる。『願望』は，『願う』『望む』という二字から，『救助』は『救う』『助ける』という二字からなっている。子どもたちの自由発言の中から，二つの熟語の共通点が出てきた場合は，大いに価値付ける。子どもから出てこない場合には，「この二つの熟語に共通点はありませんか？」と問う。「両方とも意味の似ている漢字が組み合わさっている」というような発言が期待される。二つの熟語は，「似た意味をもつ漢字の組み合わせである」ことを全体で共通理解を図り，ほかにどんな熟語があるのか見付けていく。

❷ 反対の意味をもつ漢字の組み合わせについて考え，熟語を集める

「高低」「勝敗」とはどんな意味ですか？

「高低」「勝敗」と板書し，「高低」「勝敗」の意味を考えさせる。『高低』は，『高い』『低い』という二字からなり，『勝敗』は『勝つ』『負ける』という二字からできている。左記①と同様にして，二つの熟語は，「反対の意味をもつ漢字の組み合わせである」ことを全体で共通理解を図り，ほかにどんな熟語があるのか見付けていく。

生きて働く言葉の力を身に付けるために

「熟語には，上の漢字が，下の漢字を修飾する関係にある組み合わせがある」ということは，学級全員が押さえなければならないことですが，その組み合わせの具体例を見付けることが次の学びに生きて働く力を獲得することにつながります。

- ●本時の目標：漢字の組み合わせを手掛かりにして，熟語の意味を考える。
- ●本時の評価：漢字の組み合わせを手掛かりにして，熟語の意味を考えようとしている。

3 修飾の関係にある漢字の組み合わせについて考え，熟語を集める

4 漢字の組み合わせを手掛かりに、教科書p.93の熟語の意味を考え分類する

「前進」「登山」と板書し，「前進」「登山」の意味を考えさせる。『前進』は，『前に進む』という意味であり，『登山』は『山に登る』という意味であることを確認する。子どもたちの自由発言の中から，二つの熟語の相違点が出てきた場合は，大いに価値付ける。子どもから出てこない場合には，「この二つの熟語の違うところはありませんか？」と問う。「『前進』は上の漢字が下の漢字を説明していて，『登山』は下の漢字が上の漢字を説明している」というような発言が期待される。二つの熟語の修飾の仕方について全体で共通理解を図り，ほかにどんな熟語があるのか見付けていく。

熟語を分類する場面で，手が止まってしまった子どもには，国語辞典・漢字辞典・教科書・漢字ドリル等の熟語を参考にしてよいことを伝える。思いつかない場合には「ペア交流」「1分間お散歩」などの時間を確保し，すらすらできている子どものノートを参考にさせるなどの方法もある。教師が「例えば…」とヒントを出すことも必要になってくるかもしれない。また，前時のノートを振り返ってヒントを得る方法もある。「熟語を分類することができた。また，いろいろな熟語を見付けたい！」のような主体的な学び手の姿を期待したい。

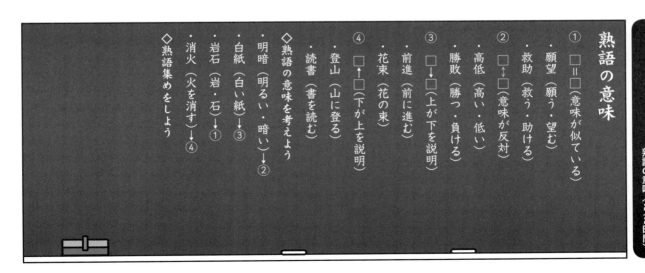

5 本で調べて，ほうこくする文章を書こう

わたしの研究レポート

15時間

1 単元目標・評価

・書くことを決めて必要な事柄を調べ，調べて分かったことを明確にして文章に書くことができる。

【関心・意欲・態度】…自ら進んで調べて，調べたことや考えたことを書こうとしている。

【書く能力】…調べたい「問い」を決めて調べ，調べて分かったことを明確にして書くことができる。

2 単元のポイント

付けたい力

授業にあたっては，具体的にどんな文章が書けるとよいのかをイメージしておく必要がある。例えば，書くことを苦手とする子が，この単元でどんなつまずきを見せるかを想像してみるとよい。まず，「調べたいことを決めよう」と投げかけたときに，適切なテーマを決めることが案外難しい。「野球について」「雪について」といっても，焦点化されていないため調べ方が難しい。「プロ野球はどのようにして伝わったのか」「雪はどのように降るのか」というように，具体的な問いを立てる力を付けることが肝心である。次に調べ方については，本を探し，どこにどのような情報が載っていそうかの見当がつかないと調べられない。数時間で調べられそうなテーマを立てさせることも大切である。

構成については，「書くことがない」と言って，文をつなげていくことができなかったり，思いつくままに書きつらね，結局，「問い」の答えが明確になっていなかったりすることがある。文章の全体像を俯瞰して，構成を考えて書く力が必要になる。

また記述するときにありがちなのは，本に書かれている文章をそのまま書き写すということである。結果として，書いた本人でさえもよく分からない言葉が書かれるということもあり得る。自分が立てた「問い」に対して，理解したことを自分なりに書いていく力が大切になる。

このように「付けたい力」については，「テーマを決める」「調べる」「組み立てる」「記述する」といった各段階で理想とするイメージを教師自身が具体的に描いておくことが必要になるだろう。

3 学習指導計画（全15時間）

次	時	○学習活動	●指導内容　◆評価　※留意点
一	1	○「わたしの研究レポートを書こう」という単元の目標を把握する。 ○教科書の報告書の例を読んで単元のゴールのイメージをつかみ，学習計画を確かめる。	●教科書を読んで，学習の見通しを立てる。 ◆報告書を書く活動への見通しをもつ。 ※単元のゴールや計画をできるだけ具体的に描かせるようにする。
二	2・3	○調べることの「テーマ」を決める。	●子どもたちで意見を交流させながら，どんなテーマにするとよいのか考えさせるようにする。 ◆完成への見通しをもって，調べるテーマを決めることができる。
	4・5・6・7	○本を使って調べる。	●テーマについてふさわしい本を探し，必要な情報を集めることができるようにする。 ◆報告書を書くために必要な情報を集めることができる。 ※本に書かれていることをそのまま写すのではなく，分かったことを自分なりの言葉でメモするようにしたい。
	8・9	○報告書の型を確かめ，組み立てを考える。	●教科書で，報告書の書き方を確かめ，何を，どんな順番で書くとよいのかを組み立て，メモにまとめるようにさせる。 ◆全体の組み立てを考えながらまとまりに分けて，書く内容を整理することができる。 ※テーマの問いに対して，答えになっているかを確かめながら書くようにする。
	10・11・12・13	○調べて分かったことを報告書に書く。	●組み立てたものをもとにしながら，より分かりやすい文章になるように考えながら書かせる。 ◆調べて分かったことを明確にして文章に書くことができる。 ※読み手を意識して，文と文のつながりに気を付けながら書くようにさせる。
三	14・15	○書いた報告書を読み合う。	●友達が書いた報告書のよさを見付けながら読み，報告書を書いて伝えるよさを実感できるようにする。 ◆書いた報告書を読み合うことで，報告書を書くよさを実感することができる。 ※どんな力が身に付いたのかを自覚できるように価値付ける。

1 わたしの研究レポート

15時間

準備物：百科事典，資料用書籍，教師や子どもが書いた報告書

❶ 「わたしの研究レポートを書こう」という単元のゴールを知る

一人一人が調べたいことについて研究して，レポートを書きましょう。

「わたしの研究レポートを書こう」という単元の学習課題を提示するにあたり，子どもが「調べたい！」「書きたい！」という思いをもてるように工夫したい。例えば，次のような工夫がある。
・子どもが読める研究レポートを見せる。
・資料に使う百科事典や本を紹介する。
・国語科の説明的文章，社会科，理科，総合的な学習の時間などで調べた経験を振り返る。
・子どもや教師の面白い知識を披露する。
　知的好奇心を喚起するには，教師自身が面白いと思えたものを伝えることが大切である。

❷ 教科書pp.100-101の報告書の例を読み，完成の具体的なイメージをもつ

このように書くといいんだな…

　完成形のイメージをもたせるために，教科書pp.100-101にある小林さんの報告書の例を読む。もちろん教師自作の資料や以前に子どもが書いた報告書があれば，より子どもの関心も高まるだろう。
　完成形を読むことで，「こう書くといいんだな」というゴールへのイメージをもつことができるだろう。
　音読したり，視写したりすることも，文のつなげ方や組み立てについて頭に入れることができるので，有効である。

✎ 完成形を見せてイメージをもたせる

　一般に，書くことの学習に抵抗感をもっている子が少なからずいます。その理由として「どのように書くとよいのか分からない」ということが挙げられます。そこで，完成形を見せて，ゴールのイメージをもたせることが重要なポイントとなるのです。教科書pp.100-101にある報告書の例も分かりやすくて，優れているのですが，余力があれば教師が一度モデルを書いてみるとよいでしょう。「どんな手順で調べて整理していくとよいのか」「子どもがどんなところでつまずきそうか」などが，実際に書くことで見えてきます。社会科や理科などで学んだことを，子どもに書かせる文章を想定して，簡潔なものに書き直すのもおすすめです。
　完成形を教師が書いて見せることは，あらゆる書く学習で有効です。ぜひ，チャレンジしてみてください。

- **本時の目標**：単元の学習課題をとらえ，学習の見通しをもつ。
- **本時の評価**：「『わたしの研究レポート』を書きたい」という思いをもち，ゴールとなる報告書のイメージと学習計画を理解することができる。

❸ 学習計画を確かめる

　書いたものを読み合う活動に向けて，どんな手順で完成させていくのかを，子どもたちに問いかけながら確かめていく。
①調べたいテーマを決める
②本で調べる
③組み立てを考える
④研究レポートを書く
⑤書いた研究レポートを読み合う
という見通しをもたせたい。
　また，何日間で完成させていくのか時間的な見通しについても確かめておくとよい。

❹ 次時に向けて，調べたいことの「テーマ」を考えてくることを投げかける

　ここでは，研究テーマになりそうなものを掘り起こし，子どもの思考にスイッチを入れることをねらっている。
　子どもの中には，次時までに「何かテーマになりそうなものはないかな」といろいろと考えてくる子もいるだろう。
　ここでは，すぐに一つに決めてしまうのではなく，いろいろなものがテーマになり得ることを知らせたい。

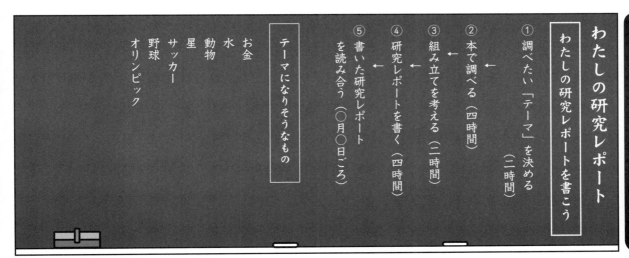

2・3 わたしの研究レポート
15時間　準備物：特になし（図書室の百科事典や図鑑などを確かめておくとよい）

① 報告書のテーマになりそうなものを分類しながら挙げていく

「調べたいテーマを決めよう」という本時の課題を確かめたうえで，何についてなら調べていけそうか大きなテーマを出し合っていく。その際，種類ごとに分類していくと，幅広くあらゆる分野がテーマになり得ることが見えてくる。
なおこの時点では，まだ自分が調べたいことが決まっていなくてもよい。

② テーマを「問い」の形にするよさを確かめる

例えば，「星について」というテーマでは，漠然としていて，何について調べていくのかがはっきりしない。テーマを「問い」の形にするとよい。

A	星について
B	どんな星があるのか
C	どうして星は光るのか
D	どのようにして星は生まれるのか

このような選択肢を挙げてどれがよいか尋ねると，C「どうして」，D「どのように」といった「問い」の形にするとよいことが分かる（Bのように名前や種類を調べて挙げるだけのものは，一覧になっている資料を見せて終わりになってしまうので，好ましくない）。

📝 テーマを「問い」の形で立てる

　本単元のような調べる学習では，どうしても「調べて表現すること」に着目してしまいがちですが，適切な「テーマを決める」ことも，子どもにとっては実に難しいことです。「星について」というような漠然としたものでは，何について調べるのかが焦点化できず，調べて知った内容から何となく思いつきで抜粋するようになりがちです。そこで，テーマを「問い」の形で立てさせるようにします。なお，「問い」にも妥当でないものもあります。よくあるのが「どんな○○があるのか」という「問い」です。これでは，いろいろな○○の名前や種類を取り上げるだけになってしまいます。学級全体で，「問い」の立て方の例示をしながら確かめ，個別にも助言をしていきながら，妥当な「問い」を立てることができるよう支えていきましょう。

- ●本時の目標：完成への見通しをもって，調べるテーマを決める。
- ●本時の評価：完成への見通しをもって，調べるテーマを「問い」として決めることができる。

❸ 一人一人が調べたい「問い」を考え，決めていく

一人一人が調べたい「問い」について考え，決めていく。すぐに一つに決めてしまうのではなく，いろいろな問いを幾つも箇条書きで列挙していき，一つに絞って決めるようにするとよい。

なかなかよいテーマが決められない子もいるので，個々がどんな問いを立てようとしているかをしっかりチェックし，助言するようにしたい。

図書室で，本を手に取りながらテーマを決めるようにすると，この後，調べられそうな問いかどうかが分かり，見通しをもって進められる。

❹ 「問い」に対して，予想できる答えを考え，今後の見通しを確かめる

ここでは，一人一人が決めた問いが，今後，調べていくにあたり，妥当なものなのかどうかを確かめていく。

次のようなものがないかを現段階で把握し，妥当なテーマを決めるようにしておきたい。
- ・調べなくても既に分かっているもの
- ・表などですぐに分かってしまうもの
  （何があるかなどの問い）
- ・図書室の本では調べても分からなそうなもの

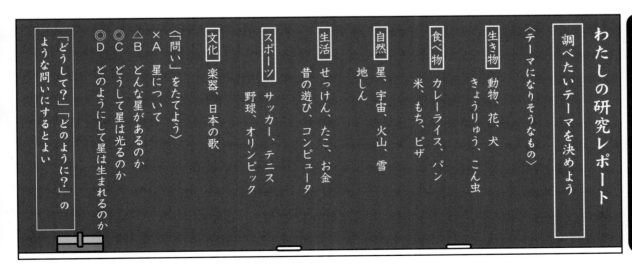

4・5・6・7 15時間 わたしの研究レポート

準備物：付箋，国語辞典，筆者の違う別の本，百科事典，図鑑

① 本で調べるときのポイントを確かめる

本を使って調べるにあたって，調べるときに気を付けることを確かめる。

- 研究テーマの「問い」に対する「答え」を探す。
- 研究テーマにかかわるページに，付箋をつける。
- 読んで分かったことを，自分が理解できる言葉にしながらメモする。
- よく分からない言葉は，国語辞典で調べて，自分や友達がよく分かるような言葉にする。
- 筆者の違う別の本でも調べる。

② 自分の必要な情報が載っている本を探す

調べるには，まず研究テーマの「問い」に対する「答え」が書いてあるような本を見付ける必要がある。一人一人が必要な本を見付けられているかを確認するようにしたい。

とはいえ，百科事典や図鑑を全員分用意するのは容易ではない。そこで，あらかじめ似ているテーマの子同士でグループにしておき，1冊の本を一緒に使っていくようにするという手立ても考えられる。

📝 個別指導と全体指導とをバランスよく取り入れる

　自分で本を探し，調べたことをメモするという自由度の高い学習では，一人一人の学ぶ力の差がはっきりと表れます。普段，言われるままに板書を写していたような子は困ってしまうわけです。

　当然，苦手とする子一人一人に助言することが，大切な指導になりますが，個別指導には限界もあります。そこで調べる授業（本指導例では4時間）の各授業の冒頭に，学級全体の場で，よりよいメモの仕方を確かめておくことが，とても大切な指導になります。

　効果的なのは，ある子の望ましいメモの仕方を全体に紹介することです。「わたし」の研究レポートづくりですから，「よく分からない言葉に気付き，少なくとも『わたし』が理解できる言葉に直す」ということについては，大切な指導事項ですからきちんと押さえましょう。

- **本時の目標**：報告書を書くために必要な情報を集める。
- **本時の評価**：研究テーマに沿った情報を集めて，メモすることができる。

③ 適切な本が見付からない場合，研究テーマを見直す

④ 調べて分かったことをメモする

調べる前はよいと思っていた研究テーマでも，調べたいことが書いてある本が見付からなかったり，調べているうちにより興味深い内容に出合ったりすることもある。

そんなときは，早めに研究テーマを見直して，修正するようにしたい。

調べて分かったことは，ノートにメモさせる。メモの仕方は，「箇条書き」「自分の言葉で短い文章でまとめる」「矢印や囲みを使って図のようにまとめる」といった方法がある。よいメモの仕方をしている子どものノートは，授業の終わりや次の授業のはじめに，全体に紹介するようにしたい。

また子どもは，読めば，分かった気になってしまうものである。自分や読む人（学級の友達）が，よく分からない言葉はそのまま使わないで，国語辞典や他の本で調べ，みんなが分かりやすい言葉で説明するよう助言したい。

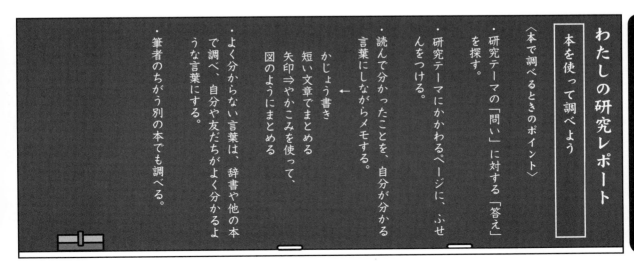

わたしの研究レポート

8・9　15時間
準備物：特になし（組み立てメモを書くためのワークシートを準備してもよい）

1 教科書 pp.100-101 の報告書の例を読み，段落ごとに内容がまとめてあるよさに気付く

「組み立てを考えよう」という学習課題を確かめたうえで，今一度完成形の説明文の例（もちろん自作の完成形でもよい）を読み，各項目でどんなことを書くのかを確かめる。
はじめに…研究テーマ（問い），きっかけ，調べ方
分かったこと…内容ごとに番号を付けて分ける
終わりに…答えのまとめ，考え，感想
〈使った本〉…本の題名，出版社名，発行年月

2 「組み立てメモ」の書き方を理解する

教科書の報告書の例をもとにして，「組み立てメモ」の書き方を確かめていく。
　メモを書くにあたり，なぜメモを書くのかの意図は確かめておきたい。組み立てメモを書くのは，前から順に詳しく文章を書いていく前に，報告書全体の構成を考えるためである。
　だから，各項目ごとに，短い言葉でまとめたものやキーワードで書いていけばよいことを伝える。つまり，各項目の内容は詳しく正確なものである必要はないということである。

「問い」と「答え」の対応

　文章を書く前に，わざわざ「組み立て」を考えるのは，報告書の全体像をイメージするためです。思いつくままに文章を書いていくと，最初に書いている内容から外れて，話が脱線してしまうということがよくあります。ですから，文章の着地点を考えておくということが大切なのです。特に本時では，「問い」に対して「答え」が対応しているかを確かめるようにしています。
　「どうして？」という「問い」であれば，「答え」に理由が書かれるはずです。また「どのように？」という「問い」であれば，「答え」には，方法や仕組み，成り立ちが書かれるはずです。これは，言い換えると論理的に表現するということでもあります。全体の論理的な構成を意識できる，そんな力を育てる授業を目指しましょう。

- ●本時の目標：全体の組み立てを考えながら、まとまりごとに書く内容を整理する。
- ●本時の評価：「はじめに」「分かったこと」「終わりに」の組み立てを理解したうえで、「問い」と「答え」を対応させて組み立てメモを書くことができる。

❸ 前時までに調べた情報をもとにして「組み立てメモ」を書いていく

　文章の組み立てを考えて、「組み立てメモ」に書いていく学習である。
　前時までに集めた情報から、まず使いたい事柄を選ぶ。順番にこだわらず、書きやすいところから書いていけばよいことを助言する。
　「分かったこと」の説明の順番については、読み手にとって分かりやすいものになるように考えさせたい。

❹ 「問い」と「答え」が対応しているか、「組み立てメモ」の全体を見返す

　「組み立てメモ」を書き終えたら、全体の組み立てを見返すようにさせたい。
　特に、はじめにに書く研究テーマの「問い」と分かったこと終わりにに書く「答え」が対応しているかという観点は大切である。
　書いた本人には、きちんと対応しているかが分からないこともある。提出させて教師が確かめるという手もあるが、ペアやグループで確かめ合うというのも有効である。

わたしの研究レポート　組み立てを考えよう

〈組み立てメモ〉

※報告書の例の拡大コピーを掲示

	はじめに	分かったこと	終わりに
	テーマ（問い） きっかけ 調べ方	内ようごとに番号を付ける	答えのまとめ 考え 感想
	・お金はどのように… ・知らないことが多い ・百科事典→「お金のはじまり」「お金の歴史」	1　昔、物と物の交かん 2 3	・お金のかちを信じられる社会の仕組み ・時代で変わるんだ

第8・9時　193

わたしの研究レポート

10・11・12・13　15時間

準備物：報告書を書く用紙（罫線を薄く印刷した紙など，原稿用紙でも可）

1 教科書 pp.100-101の報告書の例を読み，報告書を書くときのポイントを確かめる

「研究レポートを書く」という活動にあたり，報告書の例を読んで，書くときのポイントを確かめておく。

- 「問い」と「答え」が対応している。
- 「だ／である」と「です／ます」が，混ざらないようにする。
- 題名が工夫してある。
- 引用するときは，「　　　」で，抜き出す。

教師が全部教えるのではなく，「文の終わり方はどうなっていますか？」など観点を与えて，意見を出させながら確かめていくとよいだろう。

2 研究レポートを書く

調べた情報や組み立てメモをもとにして，報告書を用紙に書いていく活動である。

「書き出し方」や「詳しい説明」など全体に広げたい表現があれば紹介し，全体の参考にさせたい。

活動にあたり，書き上げる時間の見通しについては伝えておきたい。なお，本指導例では，4時間使って書き上げるようにしている。

📝 書くことの大変さを受け止める

　いよいよ報告書を完成させる段階です。子どもたちは意欲的に取り組むことができているでしょうか。中には，なかなか意欲をもてなくて，書くことに向き合えていない子もいるかもしれません。

　そもそも書くことは，大変な作業です。教師もモデルとなる報告書を書くとよく分かります。ですから，子どもたちが書いた文章に対して，いろいろと指導したくなることもありますが，まずは書くことにかけた労力をねぎらってあげたいものです。

　とりわけ，書くことを苦手とする子にとっては，大きな抵抗感もあるはずです。「書くって，楽しい（ものでもある）」と子どもが感じられるように温かく支えてあげましょう。

- **本時の目標**：調べて分かったことを明確にして文章に書く。
- **本時の評価**：調べて分かったことが明確になるように、「問い」に対する「答え」を確かめながら、適切に文章に書くことができる。

3 題名を工夫して付ける

ここでは、文章を書き上げた後に、題名を工夫するようにした。

見た人が、中身を読みたくなるような題名を工夫したい。

想定した研究テーマについての題名をみんなで考えて意見を出し合ったり、本の題名や新聞の記事を紹介したりすることで、題名を工夫するよさを感じることができるだろう。

そのうえで、一人一人が自分の報告書の題名を工夫するようにする。

4 書いた報告書を読み返し、必要なところは直して完成させる

苦労して書き上げると、「やっと終わった」とほっとしてしまうものであるが、書いたものを読み返すことを習慣付けることも大切である。

本時の最初に確かめた「報告書を書くときのポイント」に加え、誤字脱字、文のつながり、文字の丁寧さなどにも注意を払って読み返すようにさせたい。

最初から「下書き」の後に「清書」するようにしておくことも一つの手である。

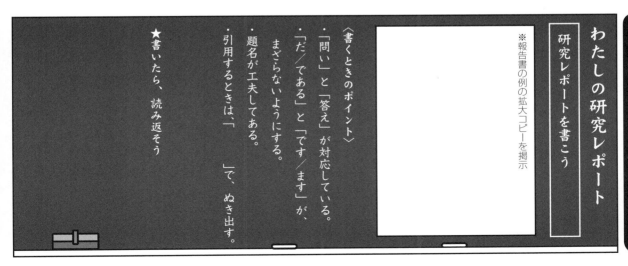

14・15 わたしの研究レポート
15時間　準備物：コメントを書く用紙，子どもが書き上げた報告書

1 書き上げた報告書を読み合い，互いに学び合うことを知る

書いた報告書を互いに読み合う時間である。
書いた報告書とコメントの用紙をセットにして，回していくようにする。
コメントの書き方として，「よく分かったよ。」と書くだけでなく，「何については知らなかった。」「○○のように書かれているので分かりやすい。」というように，内容と書き方の両面で，具体的なよさを伝えるようにするとよいことを押さえておく。もらった人がうれしいと思えるコメントを伝え合えるとよい。

2 報告書を読み合い，コメントを書く

ここでは，グループになって，グループ内で順に回していく方法をとっている。
ほかにも，読んでコメントを書いたら，後ろの人に渡していくというように全体で回していく方法や，机に置いておき，立ち歩いて読み合う方法が考えられる。
読み合う活動が終わったら，コメントを書いた用紙を本人に渡すようにする。

✎ よさを交流する場づくり

　完成させたレポートを読み合う単元最後の学習です。ここまでの努力の成果を互いに認め合えるような時間にしたいものです。よいところを見付けようと指示したときに予想されるのは，「字がきれいで読みやすい」といった書き方の表層的な感想が出てくることです。
　もちろん悪いコメントではないのですが，できれば本単元での努力が反映された内容面の「驚き」「面白さ」を出し合いたいところです。「書いてよかったな」という思いがもてるような交流の場になるようにしましょう。そのうえで，「みんなのレポートが面白かったのはどうしてだろう？」と投げかけることで，「面白そうな研究テーマを考えたから」「図書室でいろいろな本から調べたから」「分かりやすい組み立てを考えたから」という本単元で体験してきた活動のよさを共有します。

- **本時の目標**：書いた報告書を読み合うことで，報告書を書くよさを実感する。
- **本時の評価**：「調べて伝えることは楽しい」「伝えたいことをはっきりさせるとよく分かる」など報告書を書くよさを実感し，感想に表すことができる。

3 友達の報告書を読んで，学んだこと，よいと思ったことを全体で出し合う

互いの学びや感想を交流する。
「読んで〇〇についてよく分かったよ」「〇〇のことは知らなくてびっくりした」といった，書いた本人が達成感を味わえるようなコメントを大切にしたい。
書き方については，「よく分かった」という子の報告書を取り上げて，「『問い』に対する『答え』がちゃんと説明してあるのでよく分かるのだと思うよ」などと，価値付けていくことも大切である。
コメントに対して，説明文の書き手だけでなく，そこに気付く読み手の見方，考え方も評価する。

4 一人一人が本単元の感想を書いて，交流する

最後に，本単元で学んだことや感想を書かせることで，報告書を書くことのよさを自覚させたい。
板書されたみんなの感想を参考にさせることで，書きやすくなるだろう。
「図書室でいろんな本で調べたからよく分かるレポートになりましたね」などと子どもたちの努力や工夫の成果を認める言葉をかけて，次への意欲につなげたい。

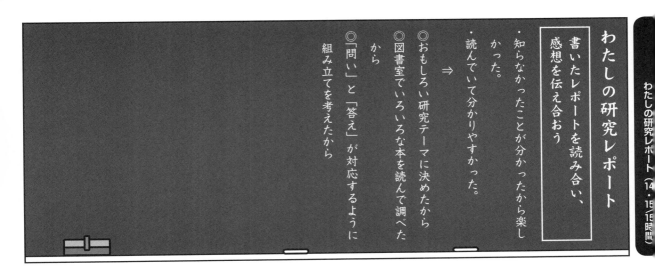

第14・15時

まちがえやすい漢字

1 単元目標・評価

・漢字の意味を考えて，正しく使い分ける。
・国語辞典や漢字辞典を使って，言葉や漢字の意味や読み方を確かめたり，漢字を使った言葉を集めたりする。

【関心・意欲・態度】…漢字の意味を考えて正しく使い分けたり，漢字辞典を使って，漢字の意味や読み方を確かめたり，漢字を使った言葉を集めたりしようとしている。

【言語についての知識・理解・技能】…漢字の意味を考えて正しく使い分けたり，国語辞典や漢字辞典を使って，言葉や漢字の意味や読み方を確かめたり，漢字を使った言葉を集めたりする。

2 単元のポイント

付けたい力

　本単元は、同音異義語について学習を行う。子どもたちは漢字を覚えるときに，意味まで意識していないことが多い。そのため，「早い」と「速い」の違いや，「以外」と「意外」などの区別はついていないことが多い。漢字には意味があることを知らせ，どの場面でどの漢字を使うべきなのかをきちんと選択しようとする意識や力を身に付けさせるのが第一の目的である。
　また，漢字には特殊な読み方をする場合がある。しかし，読み方が分からない漢字であっても漢字の意味を考えることによって，その意味を推測することは可能である。教材では，「音色」「田園」などの言葉が例として取り上げられている。初めから国語辞典で意味を調べるのではなく，漢字の意味から言葉の意味を推測させるようにしたい。そのうえで国語辞典を使って意味を調べさせ，漢字の意味から言葉の意味を推測できる実感をもたせるようにしたい。

言語活動

　本単元は，漢字辞典を使う絶好のチャンスである。漢字辞典を使って，漢字の意味や同音異義語を調べ，言葉集めをする活動をぜひ取り入れたい。調べた言葉はプリントにまとめ，自分だけのオリジナル漢字辞典を作る活動も考えられる。

3 学習指導計画（全2時間）

次	時	○学習活動	●指導内容　◆評価　※留意点
一	1	○同じ読み方でも意味の違いによる漢字の使い分けについて知ったうえで，同じ読み方でも意味の違う漢字を探す。	●教科書の例をもとに，漢字には意味の違いによる使い分けがあることを知らせ，教科書の漢字のページや漢字辞典を使って，同音異義語を集めさせる。 ◆漢字には意味の違いによる使い分けがあることを理解し，使い分けることができている。 ◆同音異義語を集めることができている。 ※教科書の例以外にも「初め」と「始め」のような例を幾つか集めておけるとよい。
二	2	○漢字の意味から，言葉の意味を推測したり，オリジナル漢字辞典を作ったりする。	●特殊な読み方をする漢字や子どもたちになじみのない読み方をする漢字について，漢字の意味から言葉の意味を類推させる。 ●同じ読み方をする漢字を集めさせ，漢字の使い分け専用のオリジナル漢字辞典を作らせる。 ◆漢字の意味から言葉の意味を類推できている。 ◆オリジナル漢字辞典を作成することができている。 ※漢字辞典や国語辞典を使って調べた同音異義語は，プリントに書かせ，別にファイルできるとよい。

1 まちがえやすい漢字

2時間

準備物：漢字辞典用学習プリント（p.234），漢字辞典

① 「地球はまるい」という文を示し，「円い」のか「丸い」のかを考える

導入として，まず「地球はまるい」という例文を示し，「丸い」のか「円い」のかを考えさせる。子どもに発言させるときには，なぜそのように考えたのか理由を必ず言わせ，漢字の使い分けの方法や意味に意識が向くようにさせる。

② 同じ読みでも，意味によって漢字が使い分けられることを知る

同じ読みでも，意味によって漢字は使い分けられることを知らせ，どのような漢字があるのか自由に想起させる。

事前準備で同音異義語をたくさん

漢字の学習は子どもにとって，あまり楽しいものではない場合があります。しかし，今回の学習はクイズのように行うことで，子どもたちが楽しみながら学習に取り組むことができます。事前に多くの同音異義語を調べておき，次々に出題できるようにしておくとよいでしょう。個々で答えを考えさせるよりも，ペアやグループで取り組ませ，相談させたほうが学習は深まります。

少しでも多く見付けられる工夫を

漢字辞典をうまく引くことのできない子どもには，無理に意味まで調べさせるよりも，まずは教科書巻末の一覧を使って，少しでも多くの同音異義語を見付けるように声をかけ，成功体験を積ませてあげてください。

- ●本時の目標：同じ読みでも意味によって漢字が使い分けられることを知ったうえで，漢字辞典を使って同音異義語を見付けることができる。
- ●本時の評価：意味による漢字の使い分けを正しく理解したり，漢字辞典を使って同音異義語を探したりできている。

③ 同音異義語の問題を解く

「足がはやい」の「はやい」は「速い」ですか。「早い」ですか。

　同音異義語の問題を多めに用意しておき，次々に出題したい。最初の問題は，例題として出題し，考え方について解説をしたうえで，ペアやグループで問題に取り組ませたい。解答と理由がセットで合っていたら正解とすることで，漢字の意味に目を向けさせたい。

④ 同音異義語を探す

漢字辞典を使って同音異義語を探しましょう。

　漢字辞典を使って調べさせたい。見付けた言葉は，プリントやノートにメモをさせたい。また，すぐに同音異義語が思い浮かばないようであれば，教科書巻末の一覧や国語辞典を併用してもよい。子どもたちの漢字への興味を広げるために，既習の漢字に限らず，未学習の漢字でも書いてよいことにしたほうが，子どもたちは熱心に言葉を探す。

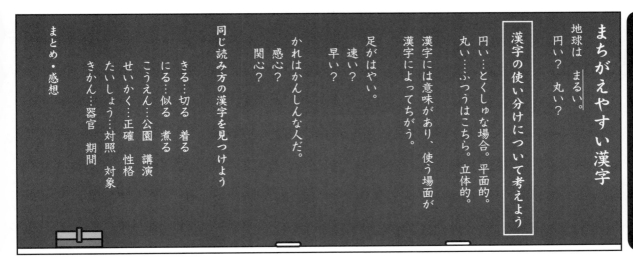

まちがえやすい漢字

地球は まるい。
円い？ 丸い？

漢字の使い分けについて考えよう

円い…とくしゅな場合。平面的。
丸い…ふつうはこちら。立体的。

漢字には意味があり、使う場面が漢字によってちがう。

足がはやい。
速い？
早い？

かれはかんしんな人だ。
感心？
関心？

同じ読み方の漢字を見つけよう

きる…切る　着る
にる…似る　煮る
こうえん…公園　講演
せいかく…正確　性格
たいしょう…対照　性格対象
きかん…器官　期間

まとめ・感想

第1時　まちがえやすい漢字（1/2時間）

まちがえやすい漢字

2時間
準備物：漢字辞典用学習プリント（p.234），国語辞典，漢字辞典

❶ 「米作」という言葉を示し，意味を考えさせる

まずは，平仮名で言葉を示したい。そのうえで，漢字を示すことによって，漢字で書くことの利点や，漢字から意味が推測できることに気付かせたい。

❷ 教科書 p.103 ②の言葉を示し意味を推測させたうえで，国語辞典を引かせる

初めから国語辞典を引かせるのではなく，必ず意味を推測させてから引くようにさせたい。

楽しく意味を推測する

　漢字の意味から言葉の意味を推測することは，達成感も得られやすく，子どもたちにとっての漢字学習へのハードルを下げたり，漢字に興味を抱かせたりするチャンスです。苦手な子がうまくできたときには，「名探偵○○だね」と，より気分を盛り上げてあげましょう。

　実は大人でも迷うことのある漢字の使い分け。みなさんは，「タイムをはかる」の「はかる」が「測る」なのか「計る」なのかすぐに答えられますか。学級通信に問題を載せたり，宿題プリントを用意したりして，親子で楽しく取り組んでもらうのもおすすめです。

- **本時の目標**：漢字の意味から言葉の意味を推測したり，表外読みについて理解したりすることができる。
- **本時の評価**：漢字の意味から言葉の意味を推測し，漢字と言葉の意味を結び付けて理解している。

③ 表外読みについて知る

　表外読みについては，既習の漢字であるものもあるが，子どもたちは知らないことが多い。「間」→「はざま」，「王」→「おおきみ」など。教科書の例に留め，無理に覚えさせたり知らせたりせず，そういったものがあることを知らせるぐらいにしておきたい。

④ オリジナル漢字辞典を作る

　前時のプリントの続きのプリントに書かせてもよい。どの字を使うべきなのか悩んだときに，今後使えるように，必ず漢字の意味や用法を書くようにさせたい。

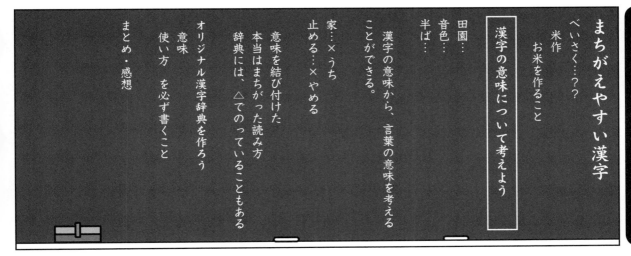

6　読んで感じたことが伝わるように，音読しよう

初雪のふる日

7時間

1　単元目標・評価

・感想の中心を明確にして，音読することができる。
・場面の移り変わりに注意しながら，登場人物の気持ちの変化や情景を想像して読むことができる。

【関心・意欲・態度】…叙述に着目して物語を読み，音読発表会で表そうとしている。
【読む能力】…場面ごとの人物の様子とその移り変わりをとらえて読むことができる。

2　単元のポイント

教材の特徴

　一読して内容は明白であるが，「かた足，両足，とんとんとん」という言葉が何度も出てくる教材である。場面の様子の変化に伴い，読者の感じ方も様々に変化する。例えば冒頭では，女の子が遊びをはじめる場面であり，明るく楽しそうな印象を受けるが，徐々に不気味さが増していく。終末の場面では，春の暖かさや開放感を与える言葉に変わっていく。このように，「かた足，両足，とんとんとん」という言葉を中軸にしながら物語が展開していくので，それぞれの場面での印象の変化を話し合うことによって，読み方も変わってくることに気付くだろう。場面や人物の移り変わりに応じて変化する読者の感じ方に意識を向けさせたい。

言語活動

　言語活動には，音読発表会を設定した。全体で場面の様子や登場人物の心情の変化を共有した後，お気に入りの場面を一つ選ばせる。子どもが選んだ場面をもとに，二つの場面が連続するようにペアを教師が編成する。そして発表する際は，二つの場面の移り変わりが分かるように音読をすることを求める。このことにより，音読の仕方を考えることをめぐって，「どのように場面が変化しているのか」「女の子の様子や気持ちはどのように変化しているのか」を精読する機会を与えることになる。ペアの子どもたちが，その場面の雰囲気が伝わるような音読の仕方を考えたり話し合ったりして，楽しみながら活動に取り組めるよう，学習形態を工夫していくことが大切である。

❸ 学習指導計画（全7時間）

次	時	○学習活動	●指導内容　◆評価　※留意点
一	1	○「場面の移り変わりや登場人物の気持ちの変化が伝わるように音読発表会をする」という学習課題を設定する。 ・場面の数を確認する ・登場人物の設定を確認する	●読みを深めていくために，音読発表会をするということを説明する。 ◆物語に興味をもって範読を聞き，自分なりの感想をもっている。 ※初読の感想をノートに書かせ，学習後に振り返ることができるようにする。
二	2	○場面の展開をとらえる。 ・「はじまり」「出来事の起こり」「出来事の変化」「結び」の場面を確認する ・場面ごとに小見出しを付ける	●物語の基本構成をとらえる。 ◆物語の場面分けをし，小見出しを書くとともに，ふさわしい音読の仕方を考えるための見通しをもっている。
	3 ・ 4	○場面の変化をとらえる。 ・全体を通して読み，女の子の様子，女の子の気持ちの変化を表にまとめる	●登場人物の女の子の行動を中心に，場面の様子や心情の変化について表にまとめる。 ◆場面の様子や女の子の心情の変化を表に書き込むことができている。 ※「場面の小見出し」「女の子の様子」「女の子の気持ち」の観点で，表にまとめる。
	5	○二つの場面の変化が分かるような音読の仕方を考える。 ・ペアを編成する ・まとめた女の子の様子や気持ちの変化をもとに，音読の仕方を教科書に書き込む ・音読の仕方を話し合う	●場面の様子や心情の変化をもとに，音読の仕方について話し合う。 ◆音読の仕方を進んで書いている。意見を交流している。 ※お気に入りの場面を一つ選ばせ，それをもとに教師が二つの場面が連続するようにペアを編成する。 ※付箋に音読の仕方を書かせ，教科書に貼らせる。
三	6	○音読発表会に向けて練習をする。 ・役割分担をする ・音読練習をする	●音読発表会に向けて，音読の練習をする。 ◆場面の様子や心情の変化が分かるように，音読の仕方を工夫している。 ※1人の子が読んでいる際，もう1人の子は動きで登場人物の様子を表すことも考えられる。
	7	○音読発表会をする。	●音読発表会をする。 ◆考えた音読の仕方をもとに，音読で場面の様子や心情の変化を表現するとともに，ほかの発表のよい点を伝えている。

1 初雪のふる日

7時間　準備物：指導書付録のCD，CDラジカセ

1 題名「初雪のふる日」から，どんな話かを予想する

・どんな話かを予想させる。
・題名を板書する。
・「楽しいお話だと思う人？」「悲しいお話～」「不思議なお話～」「怖いお話～」などと聞いていき，子どもの興味・関心を引き出す。

2 教師の範読やCD教材で全文を読む

①範読やCD教材を用いて，全文を通読させる。
・物語の世界に浸れるように，落ち着いた状況で読む。
②分からない言葉を確認する。
・通読した後，「分からない言葉はありますか」と聞く。
・分からない言葉が出てきたら，その言葉を板書し，意味をノートに書かせる。

📝 導入段階での意味確認の大切さ

　教師は，「確認しなくとも，このくらいの言葉なら子どもたちも分かるだろう」と思いがちです。しかし，意外に「そんな言葉の意味を知らないんだ」ということがあります。また，分かったつもりでいることもあるので「つむじ風とは何ですか」などと聞いていくことも大切です。

　作品において，使われている言葉がどのような意味なのかをきちんと確認することは，極めて大切です。なぜなら，その言葉の意味一つで解釈が変わってしまうからです。例えば，作品に「親友」という言葉が使われていたとき，子どもがこの「親友」の意味を「新しい友達」としてとらえていたら，どうでしょう。「親友」という言葉が，作品の価値に大きく迫るものとして構成されている場合，大きく読み誤ってしまうことになります。使われている言葉の意味を正しく理解したり，確認したりすることは，作品を読む大前提なのです。

- **本時の目標**：音読発表会をすることを知り，学習の計画を立てることができる。
- **本時の評価**：音読発表会に向けて，場面の様子や心情の変化に気を付けて音読しようとする意欲を高めることができる。

3 初読の感想を書く

- 初読の感想を書かせる。
- 「感想」と一口に言うと漠然としているので，「感じたこと」「考えたこと」など具体的に指示を出すとよい。
- 「ノートに5行以上書きましょう」といった指示を出すこともよい。

4 単元のめあてをもたせる

① 子どもたちの感想で「かた足，両足，とんとんとん」に着目している子どもに発表させる。
- 同じ読み方でよいか問うことにより，使われている言葉が同じだが，楽しいところと不気味なところがあることに気付かせる。
② 学習計画を立てる。
- 「はじめの場面の『かた足，両足…』はどんなふうに読むといいですか」「次の場面はどうですか」と言い，実際に音読させる。そして，「他の部分も場面の移り変わりが伝わるためには，どんなふうに読むとよいですか」と問い，単元のめあてをもたせる。

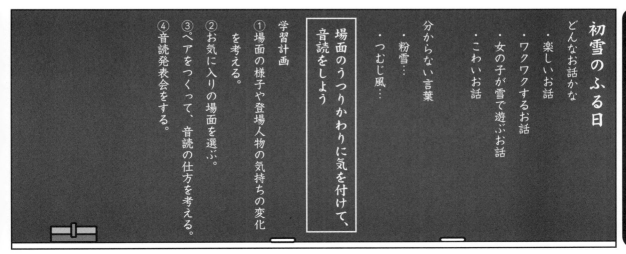

板書：
初雪のふる日

どんなお話かな
・楽しいお話
・ワクワクするお話
・女の子が雪で遊ぶお話
・こわいお話
・分からない言葉
　粉雪…
　つむじ風…

場面のうつりかわりに気を付けて，音読をしよう

学習計画
① 場面の様子や登場人物の気持ちの変化を考える。
② お気に入りの場面を選ぶ。
③ ペアをつくって，音読の仕方を考える。
④ 音読発表会をする。

2 初雪のふる日

7時間　準備物：特になし

1 場面分けをする

作品の場面分けを行う。
　子どもによって，様々な場面の分け方が出てくると予想されるが，ここでの学習で重点を置きたいのは，場面の移り変わりに気を付けて読んだり，音読をしたりすることなので，教師が主導で場面を分けて確認してもよい。
※場面分けについては，板書を参照のこと。

2 場面ごとに小見出しを付ける

①場面ごとに小見出しを付ける。
　「〇〇な女の子」という文型を与えることで，まとめやすくする。
②書かせた小見出しをペアで交流する。
　端的に書けない子や，内容と小見出しの整合性について不安をもっている子がいるので，相談も含めて交流しながら書かせるとよい。
③教師とのやりとりを通して，全体で小見出しの共通理解を図る。
　子どもの意見を取り入れたり整理したりしながら，小見出しを作っていく。

物語の大まかな筋をとらえる

　物語文でも説明文でも，「全体像をとらえる」ことによって，物語では「場面の移り変わり」，説明文では「段落相互の関係」が見えてきます。中学年では，このように変化や関係をとらえていくことが大切です。このことが，高学年以降の読みの力につながっていきます。
　その際，役に立つのが「小見出し」です。小見出しを付けることによって，その場面がどのような場面なのかが一目で分かるようになります。しかし，いきなり「小見出しを作りなさい」と指示をしただけでは取り組むことが難しいので，「〇〇な女の子でまとめましょう」と登場人物の行為でまとめるよう指示を出すとよいでしょう。また，小見出しに書かれている言葉を比べることによって，場面の移り変わりがはっきりしてきます。このことにより，物語の大まかな筋をとらえることができるのです。

- ●本時の目標：場面ごとに小見出しを付けることにより，物語の大まかな筋をとらえることができる。
- ●本時の評価：場面ごとの大まかな移り変わりをとらえ，音読の仕方を考えるための見通しをもつ。

3 それぞれの場面を作品の基本構成でとらえる

作品を基本構成でとらえる。

文学作品のほとんどは，「はじまり」「出来事の起こり」「出来事の変化」「結び」の基本構成に分けられる。分けた場面をこの基本構成に位置付けていくと，作品の構造がよく見えてくる。

※それぞれのクラスによって「発端」「展開」「クライマックス」「終末」などの用語を用いている場合もあるので，それまで使ってきた用語で確認するとよい。

4 女の子の気持ちは，どのように変化しているかを考える

①大まかな女の子の心情の変化を問う。

「はじまり」では「楽しい」，「出来事の起こり」では「不思議」，「出来事の変化」では「怖い」，「結び」では，「安心」などと変わっていることを確認する。
②女の子の心情を板書する。

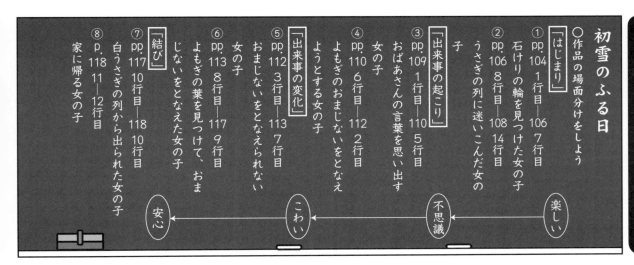

3・4 初雪のふる日
7時間
準備物：ワークシート（p.235）

1 女の子の様子や女の子の気持ちの書き方を確認する

①「はじまり」の場面の女の子の様子を問う。
　「女の子の様子」と聞かれると、答えにくいので、「何をしましたか」と問う。子どもの発言を受けて、板書することにより、「女の子の様子」の書き方を確認する。
②女の子の気持ちを確認する。
　「そのときの女の子の気持ちは？」と直接的に聞いてもよいが、明らかに違う気持ちを提示すると、子どもも女の子の気持ちを進んで考えようとする。その際、「なぜそういう気持ちと言えるのですか？」と問い返し、叙述に着目させるとさらによい。

2 順に女の子の様子や気持ちを確認する

①「はじまり」の場面における、次の女の子の様子を問う。
　ワークシートの「女の子の様子」の項目のところを書かせる。教科書を丸写しせず、自分なりにまとめられるとよいことを伝える。
②女の子の気持ちを確認する。
　はじめの女の子の気持ちと微妙に変化していることをとらえる。

📝 ワークシートは1場面につき、1枚で

　この時間は、音読の仕方を考えるための前提となる女の子の様子や気持ちの移り変わりを読んでいく時間です。その際、「小見出し」「女の子の様子」「女の子の気持ち」の三つの項目について書くワークシートを用意しましょう。ワークシートは1場面につき1枚とします。そして、一つの場面が終わった子から次の場面の用紙を取りにくるようにします。子どもは「1枚終わったら、取りにいく」という動きが大好きです。1場面につき、1枚とすることで、場面の区切りもはっきりします。また、この活動で作品を十分に読んだ後に、お気に入りの場面を選択しますので、その際にも、このワークシートが役立ちます。

- ●本時の目標：作品全体を通して，女の子の様子と気持ちの変化をとらえることができる。
- ●本時の評価：詳しく場面の移り変わりをとらえ，音読の仕方を考えるための見通しをもつ。

❸ 一つの場面が終わった子から，次のワークシートを取りにくる

- ①一つの場面が終わった子から，次の場面のワークシートを取りにこさせる。
- ・場面は全部で8場面あるので，すべての場面が終わるまで繰り返す。
- ・先に「お気に入り」を決めてから，その場面だけを読むという方法も考えられる。
- ・全部読んだうえで，「お気に入り」を決めたほうが，その選択の仕方に根拠がある。
- ②机間指導をしながら，うまく書けていない子を支援する。

❹ 自分のお気に入りの場面を一つ決める

お気に入りの場面を一つ決めさせる。
　授業終了後に，お気に入りの場面の番号を言わせ，名簿でチェックすると効率的である。

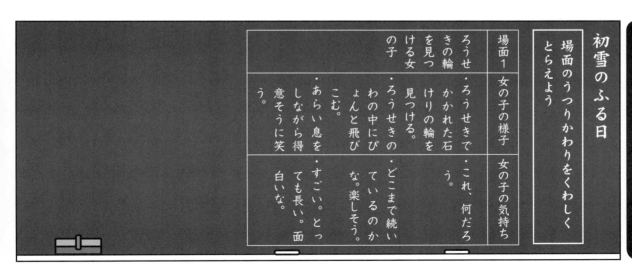

初雪のふる日

場面のうつりかわりをくわしくとらえよう

場面	女の子の様子	女の子の気持ち
1	・ろうせきでかかれた石けりの輪を見つける。 ・ろうせきの輪の中にぴょんと飛びこむ。	・これ、何だろう。 ・どこまで続いているのかな。楽しそう。 ・あらい息を・すごい。とっしながら得ても長い。意そうに笑面白いな。う。

第3・4時　211

初雪のふる日（3・4/7時間）

5 | 初雪のふる日
7時間

準備物：音読発表ペアの編成一覧，「あ」のカード，フラッシュカード，付箋

❶ 音読発表会に向けて，ペアを編成する

お気に入りの場面ごとに発表ペアをつくりました。名前を呼ばれたらペアをつくってください。

①編成したペアを発表する。
　座席表に誰と誰がペアなのかを記入して一覧表で示し，席順も決めておくと，効率的である。
②指定した座席に移動させる。
③ペアは，連続した二つの場面となっていることを伝える。
※選んだ場面が偏らないように配慮する。

❷ 音読の仕方は，同じ言葉でも様々あることを確認する

おなじ「あ」でもそのときの気持ちによって表情や声が変わりますね。

①「あ」の一文字のカードを黒板に貼る。
　「これは何と読みますか？」と問う。子どもは当然「あ」と読む。続けて，「宝くじが当たったときの『あ』は？」と問うと，子どもたちも表情豊かに，そして声の調子を変えて読むだろう。
②様々なバリエーションで「あ」を読ませる。
　「〇〇したときの」というフラッシュカードを作成し，パッパッとめくる。教師の「〜の」の台詞に合わせて，「あ」と言わせる。「温泉に入ったときの」「若いお兄さんの」「おじいさんの」「10円拾ったときの」などのバリエーションで読む。

📝 表現意図を音読表現に結び付ける

　音読発表のペアを編成し，いよいよ本番が近づいてきます。音読で豊かな表現をする経験をしていないクラスでは，登場人物の心情の変化を音読で表現するといっても，恥ずかしがってしまい，うまく表現に結び付かないこともあります。しかし，まずは子どもたちの表現意図をくみ取ってあげることが大切です。表現意図が音読表現に表れるまでは，音読で心情を表現することは「恥ずかしい」のではなく「楽しい」と思わせる過程を踏んでいることが大切です。そのため上のようなたった一文字の「あ」でも，状況や人物が変わるだけで様々に発声できることを体験させます。その際，表現している子どもたちの「表情」「声の大きさ」「声の高さ」をよく見て価値付けることで，音読表現へと意識を向けていきましょう。

- **本時の目標**：お気に入りの二つの場面の変化が伝わるように，音読の仕方を考える。
- **本時の評価**：お気に入りの二つの場面の変化が伝わるように意図して，付箋に音読の仕方を書き込むことができている。

3 付箋に音読の仕方を書いて，教科書に貼る

①ペアで協力して，場面の変化が分かるような音読の仕方を考えることを伝える。
　付箋に書き込むことは，単に「速く」「遅く」などの記号的なことだけではなく，「力強く読む」「消えそうに読む」など，子どもたち一人一人の発想を大切にしたい。
②付箋を配布し，工夫して読む箇所に貼るように指示する。
　教科書の「初雪のふる日」のページの下部には文章が入っておらず，付箋を貼るスペースとしても使えるので，有効利用できる。

4 音読で表現しながら，相互評価する

①1人が，考えた音読を実際に表現し，もう1人が聞き役をする。
　自分が担当する場面の大まかな雰囲気をとらえているので，二つの場面の関係の中で音読の仕方を考えることができる。
②役割を交代する。

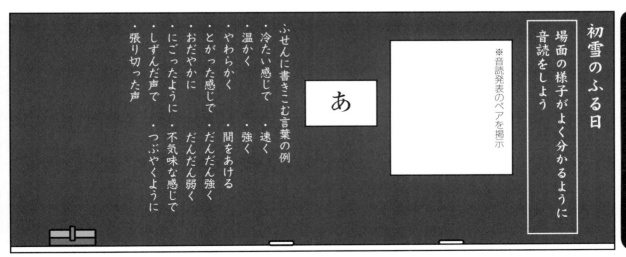

6 初雪のふる日

7時間　準備物：付箋

1 音読発表会に向けて，相互評価や練習をする

ペアで，音読発表に向けて練習しましょう。変化がはっきりするように工夫しましょう。

ペアで練習をする。
　練習をさせる際，「最低10回はやりましょう」「変化がはっきりしてきた，と思えるまで練習しましょう」と，何度も繰り返し練習することを促す。

2 二つの場面の変化がはっきりしているペアの発表を聞かせる

①変化がよりはっきりしているペアや，音読の表現意図が十分に表現されているペアをモデル教材として提示する。
　教師はペアの子どもたちの練習の様子をよく見取り，子どもたちのモデルとなりそうなペアを把握しておくとよい。
②モデルとなる子どもたちのよい点について話し合う。
・「今のペアのよい点はどこですか」と問う。
・他の子どもたちによい点を出させ，価値付ける。

✎ 豊かな表現活動は日常の学級づくりから

　みんなの前で，自分が考えたことを感情を伴って表現することは，子どもたちにとってとてもハードルが高いことです。生き生きと表現できるのは，他を認める温かい教室の雰囲気があればこそです。その雰囲気づくりをするのは，やはり教師の受け止め方です。教師の受け止め方が，子どもたちの受け止め方のモデルとなり，それがクラスに浸透していきます。勇気を出して精いっぱい音読をしている子どもを温かく包む，ばかにしたり蔑んだりすることを絶対に許さないといった雰囲気づくりを普段からしておきましょう。そのような安心感の中でこそ，子どもは生き生きと表現することができるのです。

●本時の目標：場面の様子や登場人物の心情の変化がはっきりするように，音読することができる。
●本時の評価：ペアの音読のよい点を取り入れながら，新たに音読の仕方を進んで工夫している。

3 モデルのペアのよい点を取り込みながら，再度練習をする

今のペアの人たちのよい点を自分たちにも取り入れて練習しましょう。

①モデルのペアのよい点を整理する。よい点を出させて板書する。
②自分たちに取り入れられそうなことはあるか問う。
③ペアでもう一度練習をする。
④「もう発表しても大丈夫」と思ったら，教師のところへ来るように指示する。

4 「発表しても大丈夫」というペア同士で発表させ，アドバイスを交換する

①「発表しても大丈夫」というペアがもう一つのペアに発表する。
　よい点や，「もっとこうしたほうが，よりよい発表になる」という点を伝え合う。
②交代して，もう一つのペアが発表する。
③アドバイスを受けて，練習をし直す。
④もう一度ペアに発表する。

初雪のふる日

音読発表会に向けて、場面同士の変化がはっきり伝わるようにペアで練習をしよう

○○さんと○○さんペアのよい点
・表じょうも変わっていた。
・声の調子が変わっていた。
　→場面の変化が伝わる。
　→女の子の様子や気持ちがよく伝わる。
・間を開けていた。
・場面の変わり方がはっきりしていた。
・女の子が本当に助けてほしいという気持ちがこもっていた。

7 初雪のふる日

7時間

準備物：ワークシート（p.236），音読発表会の流れを示したもの

❶ 音読発表会の手順を確かめる

いよいよ音読を発表してもらいます。
2グループに分かれて発表します。

①音読発表会の発表グループを提示する。
・これまでのペアは崩さず，全体を二つの発表グループに分ける。
・選択した場面が偏らないように，グループ編成を配慮する。
②音読発表会の流れを次のように確認する。
・音読する場面を伝える
・音読の発表
・聞き手から感想発表

❷ よりよい聞き方について考えさせ，聞き手の観点を整理する

よい発表会にするためには，どんな風に聞くとよいですか。

①よい発表会にするためには，どんなふうに聞くとよいか，子どもに考えさせて意見を出させる。
・どの部分を工夫しようとしているのかを考えながら聞く。
・場面の様子や女の子の気持ちを想像しながら聞く。
②子どもの意見をもとに，聞き手の観点を整理し，板書する。

📝 適切な評価が達成感を生む

　子どもたちは一生懸命練習してくるので，何より自分たちの発表がどうだったのか，聞き手はどう受け止めたのかということがとても気になります。ぜひ，聞き手の指導を丁寧に行い，発表直後に感想を伝えさせ，発表した子が達成感や満足感を味わえるようにしたいものです。

　なお，発表した子が達成感や満足感をもつためには，「自分たちはとてもよくがんばった」という自覚をもたせたうえで本番に臨ませること，すなわち，練習の過程をしっかりと教師が見取り，絶えず励ましの声をかけていくことが極めて重要です。

- **本時の目標**：考えた音読の工夫をもとに音読を発表したり，どんな工夫をしているかを考えながら聞いたりすることができる。
- **本時の評価**：場面の様子や女の子の気持ちの変化が伝わる音読をしたり，他の発表のよい点を伝えたりしている。

③ 音読発表会をする

①ワークシートを配布する。
②ワークシートをバインダーなどに挟ませる。
③机を動かし，椅子だけを持たせてグループA，Bの場所へ移動させる。
④音読発表の活動をスタートする。
⑤聞き手に感想を述べさせる。

④ 単元の振り返りをする

単元を通して考えたことや身に付いた力について振り返りましょう。

①振り返る視点を明確にして，振り返りの活動を行う。
・発表について
・発表までの練習について
・どんなことを意識しながら読む活動をしたか
・単元を通してどんな力が付いたか
②時間があれば，振り返りを全体又は少人数で交流する。

初雪のふる日

音読発表会をしよう

〈発表グループA〉
一、二場面　まこ・ゆうた　たかし・ときこ
三、四場面　ゆういち・きよし　りゅうへい・つきこ
五、六場面　しょうた・こういち
七、八場面　よしこ・みゆ

〈発表グループB〉
一、二場面　そうた・まみ
三、四場面　えり・ことこ　あきら・ちほ
五、六場面　まさみ・りょうた　しいな・じゅりあ
七、八場面　こういちろう・はじめ

音読発表会の流れ
①音読する場面を伝える
②音読の発表
③聞き手から感想発表

〈聞き手が大切にしたいこと〉
・どこをくふうしているか
・場面の様子や女の子の気持ちが伝わるか
・いいなあ、と感じるところ

漢字の広場⑥

1 単元目標・評価
・3年生までに配当されている漢字を文や文章の中で使うことができる。

【関心・意欲・態度】…絵に描かれた場面の様子を想像し，絵の中の漢字を使いながら文章を書いたり，書いたものを読んでよりよい表現にしようとしている。

【書く能力】…書いた文や文章を読み返し，間違いを正したり，よりよい表現に書き直したりすることができる。

【言語についての知識・理解・技能】…絵の中の漢字を使って，文や文章を書くことができる。

2 単元のポイント

教材の特徴

「3年生までに習った漢字」の6回目にあたる。これまでと同様，自分なりに考えた文章の中で既習の漢字を意識的に使わせることで，3年生までに学習した漢字を使う習慣を身に付けさせ，習った漢字を文や文章の中で使えるようにすることをねらいとしている。

既習の5回と同じように，絵で具体的な生活の場面が表されているので，絵と言葉とを結び付けることで語彙を広げられるようになっている。今回は，1年間の出来事が描かれており，それを学級新聞の記事にする形式がとられている。子どもたちにもこの1年間を振り返らせ，同じ出来事のときに起こったことや，そのときに感じたことや考えたことを思い出させることで想像を広げさせ，楽しみながら活動に取り組ませるようにしたい。

言語活動

絵の中の言葉を使って新聞記事を書く言語活動を行う。気を付けたいのは次の2点である。1点目は，当然だが，絵の中の漢字を必ず使用すること。2点目は，子どもたちが自分なりに考えた文章の中で使用させることである。ただ機械的に漢字を使用するのではなく，絵の場面や自分の経験と結び付けて使用することが語彙を広げることにつながるからである。

そこで，子どもたちが進んで記事を書ける工夫を取り入れたい。例えば，新聞記者になったつもりで絵の中の人物や友達にインタビューをする，読み手にとって面白い記事はどのように書けばよいのかなどを考えさせ，実際の記事を見せることで，想像を広げ，進んで書くことができるだろう。

3 学習指導計画（全2時間）

次	時	○学習活動	●指導内容　◆評価　※留意点
一	1	○絵の中の言葉を使って，学級新聞の記事を書く。 ○書いた文章を読み返し，修正する。	●漢字の読みを確認した後，絵を見ながら場面の様子を想像させ，絵の中の漢字を使って新聞記事を書かせる。また，書いた記事を読み返させ，よりよい表現となるよう考えさせる。 ◆絵を見て想像したことについて，3年生までに習った漢字を正しく使って文章を書くことができる。また，書いた記事を読み返し，間違いを直したり，分かりやすい表現になるように工夫したりすることができる。 ※絵の出来事について考えさせることで，子どもたちの想像を広げるようにする。また，記事の書き方についての考えをもたせるようにする。
	2	○書いた記事を読み合う。 ○学習を振り返る。	●前時に書いた記事を交換して読み合わせ，漢字の使い方や記事の書き方についての感想を伝え合わせる。また，学習を通して分かったことを振り返らせる。 ◆記事を読み合う中で気付いたことや分かったことを伝え合うことで，よりよい表現の仕方について進んで考えようとしている。 ※読み合うときの具体的な観点を与えるようにする。

1 漢字の広場⑥

2時間　準備物：見本の記事

① 教科書p.123の漢字の読み方を確認し，本時のめあてを確認する

声に出させて漢字を読ませることで，正確に読めているか確認する。

② 記事の書き方について考える

記事の書き方について，過去に読んだ記事や，これまでに学んだことなどを振り返り，考えさせる。実際の記事を提示したり，教師のほうから記事の例を示したりしてもよい。

✎ エピソードをたくさん思い出させる

　自分なりの表現の中で３年生までの漢字を使って書くことが大切なので，子どもたちが楽しく記事を書けるように意欲付けを行います。多少話が脱線しても構いませんので，１年間の出来事を振り返り，たくさんの楽しかったエピソードを子どもたちに思い出させましょう。また，具体的な記事を提示し，子どもたちに記事の書き方をイメージさせることも大切です。

✎ 細かく具体的な問いかけで支援する

　文章を書くのが苦手で，なかなか記事を書くことができない子については，机間指導でフォローしましょう。５Ｗ１Ｈを聞いたり，出来事に関する経験を尋ねたりして，想像を具体的にさせることで，文づくりの手助けをしましょう

- ●本時の目標：3年生までに習った漢字を使って文章を書くことができる。また，記事を読み返し，よりよい表現にすることができる。
- ●本時の評価：絵の漢字を正しく使って記事を書くことができる。また，記事を読み返し，間違いを直したり分かりやすい表現に改めたりすることができる。

3 絵を見て，1年間の出来事について話し合わせる

運動会ではどんなことがありましたか。

絵や絵の中の漢字を手掛かりにして，1年間の出来事について振り返らせ，記事に書く内容についての想像を広げさせる。

4 絵の漢字を使用して記事を書く

絵の中の漢字を使って一年間の出来事を記事にしましょう。

振り返った1年間の出来事についての記事を書かせる。そのとき，絵の中の漢字を使うことと，分かりやすい文章になるように心がけることを確認する。机間指導で各自の進行状況を把握し，文づくりを手助けしたり，新たに別の記事を書くように促したりして，学習を支援する。

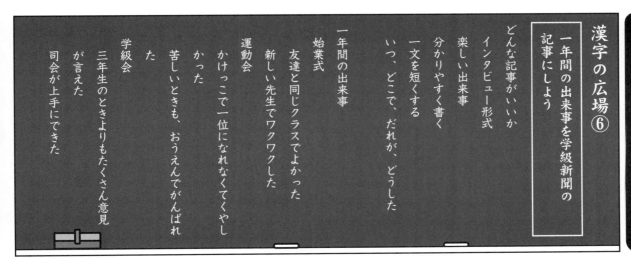

漢字の広場⑥

一年間の出来事を学級新聞の記事にしよう

どんな記事がいいか
インタビュー形式
楽しい出来事
分かりやすく書く
一文を短くする
いつ、どこで、だれが、どうした

一年間の出来事
始業式
友達と同じクラスでよかった
新しい先生でワクワクした
運動会
かけっこで一位になれなくてくやしかった
苦しいときも、おうえんでがんばれた
学級会
三年生のときよりもたくさん意見が言えた
司会が上手にできた

2 漢字の広場⑥
2時間
準備物：特になし

1 前時の学習を振り返り，本時の学習課題について確認する

書いた記事を読み合って感想を伝え合いましょう。

前時の学習を振り返らせ，学習した内容を確認するとともに，本時の学習課題を提示する。

2 記事を読み合うときの観点を示す

記事を読み合うときに注目したいポイントはなんですか。

読み合うときの観点を示す。絵の中の漢字を正しく使用していることや，分かりやすい文章表現，興味を引く内容など，記事を書く際に意識したことを想起させ，それに気を付けて読むようにする。

✎ よかった点に着目させて意欲付けを

　記事を書くときに気を付けたことを確認してから，それがどの程度できているのか，さらによい表現はないのか考えさせながら読み合わせ，感想を伝え合わせます。

　本時は，今後も漢字を正しく使ったり，よりよい表現になるように工夫したりして文章を書くようにしていきたいという意欲を育てることを目標としています。よって，感想を伝え合わせる際には，改善点よりもむしろよかった点に着目させ，漢字を正しく使えていることや，文章表現が分かりやすかったことなどを具体的に挙げて互いにほめ合うようにするとよいでしょう。

- **本時の目標**：漢字の正しい使い方や，よりよい表現の仕方について考えることができる。
- **本時の評価**：記事を読んだ感想を伝え合う中で，漢字の正しい使い方やよりよい表現の仕方について進んで考えようとしている。

3 記事を読み合わせ，感想を伝え合わせる

グループで，書いた記事を読み合う。確認した観点に気を付けて読ませるとともに，読んだ後は，観点に基づいて感想を述べるようにする。

4 学習を振り返る

学習を通して分かったことや思ったことをノートに書かせて発表させることで，漢字の正しい使い方やよりよい表現の仕方について，進んで考えようとしているか確認する。

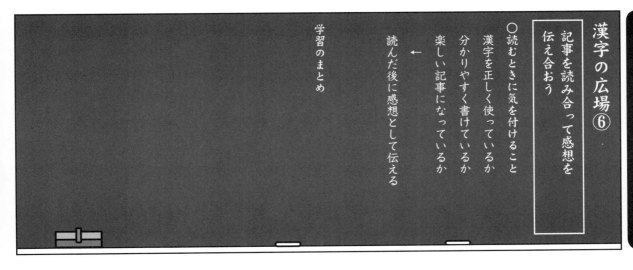

未来の自分に手紙を書こう

十年後のわたしへ

2時間

1 単元目標・評価

・「十年後のわたし」へのメッセージになる内容を考えて，手紙を書くことができる。
・書いた手紙を読み返し，表記の間違いを正したり，よりよい表現に直したりすることができる。

【関心・意欲・態度】…進んで自分の思いを込めた手紙を書こうとしている。
【書く能力】…「十年後のわたし」へのメッセージになる内容を考えて，手紙を書くことができる。また，書いた手紙を読み返し，表記の間違いを正したり，よりよい表現に直したりすることができる。

2 単元のポイント
教材の特徴

　本単元は，子どもがこれまでの10年を振り返り，10年後の将来を想像し，10歳になった今，どんなことを思っているのかを手紙に表現することをねらいとしている。「10」という区切りの歳だからこそ意味付けができる4年生ならではの学習といえるだろう。

　昨今，「2分の1成人式」を行う学校が増えているという。「決意」「夢」「感謝」など，学校や学年で決めた子どもへの願いを生かして書く内容を設定していけばよいだろう。

　国語科としては，「自分」を見つめ，「自分」宛ての手紙を書くという他の単元にはない言語活動を経験できるという意味で価値のある単元であるといえる。また書いた手紙は，10年の節目に書くというものだけに，一人一人にとって「大切な手紙」として価値付けたい。そう価値付けることで，「読み返し，表記を正したり，よりよい表現に直したりする」という指導事項が生きてくるだろう。

　教師としては，「子どもたちが10年後にふと読んだとき，10歳の頃の自分を思い出して懐かしく思う」―そんな光景を夢に描きながら単元に臨みたい。

3 学習指導計画（全2時間）

次	時	○学習活動	●指導内容　◆評価　※留意点
一	1	○「十年後のわたし」を想像したうえで，「今，これまでのわたし」について振り返り，手紙に書く内容について思いを広げる。	●「十年後のわたし」を想像し，交流することでイメージを広げる。 ◆「十年後のわたし」への願いや「今，これまでのわたし」の思いをメモすることができる。 ※「十年後のわたし」という相手意識をもたせるようにする。
二	2	○「十年後のわたし」への手紙を書く。	●「今，これまでのわたし」のこと，「十年後のわたし」のことに分けて，手紙に書く。 ●書いたものを読み返す。 ◆「十年後のわたし」へのメッセージになる内容を考えて，手紙を書くことができる。 ◆書いた手紙を読み返し，表記の間違いを正したり，よりよい表現に直したりすることができる。 ※「十年後のわたし」に書くという相手意識をもたせるようにする。

1 十年後のわたしへ

2時間　準備物：教師自作の手紙

1 単元の導入として，「10年後にどんな自分になっているか」を話題にする

単元の導入にあたり，10年後の自分への思いをもたせたい。例えば，次のように投げかける。
「みなさんは，生まれてから10年経ちますね。後10年経つと，20歳になります。成人です。どんな自分が想像できますか？」
子どもなりに，10年後の自分たちの姿について想像したことを発言するだろう。
その後，学習課題を提示する。

2 「十年後のわたしに手紙を書こう」という学習課題を把握し，教科書を読む

今まで生きてきた10年間から10年経つと成人になることを確かめ，今，この手紙を書くことの意味をとらえさせたい。
ここでは，教科書の手紙の例を読むことで完成のイメージをもたせるようにしている。しかし，「決意」「夢」「感謝」といったテーマを決めて教師が自作した手紙を提示してもよいだろう。もっと自由にのびのびと書かせる単元にすることも考えられる。
学校で行う「2分の1成人式」に重ねて取り組ませるものよいだろう。

学級活動や道徳と国語科のかかわり

「10年後，どんな自分であってほしいですか？」という問いについて考えるとなると，これは言葉の力を育てる国語科の内容ではなく，心を育てる学級活動や道徳の内容のような気がしてきませんか。

もちろん生き方を見つめるという意味で，学級活動や道徳の時間に扱ってもよい内容だといえそうです。しかし，本時はあくまでも国語科の学習です。ある文章を読んで，又は自分で文章を書いて，「よりよく生きていこうと思った」というとき，言葉を用いて表現をします。「言葉の力」，すなわち「書く力」があればこそ，よりよく生きることを志向することができるのです。

- **本時の目標**：「十年後のわたし」を想像し，「今，これまでのわたし」を振り返る。
- **本時の評価**：「十年後のわたし」への願いや，「今，これまでのわたし」の思いを考えて，ノートに書くことができる。

❸ 「10年後，どんな自分であってほしい」と願っていることを考える

ここでは導入の質問とは違って，「10年後，どんな自分であってほしいですか？」と将来に願いをもって想像するようにしている。

「夢や目標に向かっている自分」「人としてよりよく成長している自分」をイメージできると，前向きな気持ちで取り組むことができる。

考えたことはノートに書かせる。

個人的な手紙であるが，考えたことを交流し合うようにしてもよいだろう。

❹ 今，これまでの10年で，思っていることや出来事について振り返る

10年後に願う姿を踏まえて，今，これまでを振り返るようにさせたい。

手紙の読み手は，20歳になった自分である。20歳の自分なら，10歳の自分が「どんなことを大切に思っていたのか」「どんな出来事が心に残っているのか」を知りたいだろうと考えられる。

相手意識をはっきりさせると，「20歳の自分に手紙で伝えたいこと」という観点で，今，これまでの自分を振り返っていくことができるだろう。

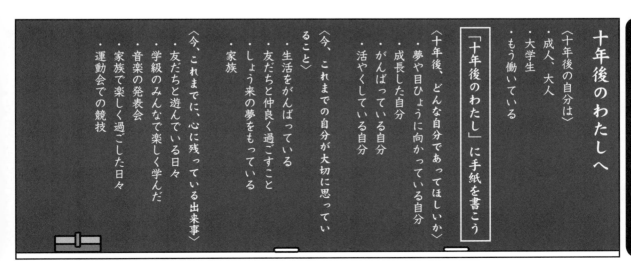

十年後のわたしへ

〈十年後の自分は〉
・成人，大人
・大学生
・もう働いている

「十年後のわたし」に手紙を書こう

〈十年後，どんな自分であってほしいか〉
・夢や目ひょうに向かっている自分
・成長した自分
・がんばっている自分
・活やくしている自分

〈今，これまでの自分が大切に思っていること〉
・生活をがんばっている
・友だちと仲良く過ごすこと
・しょう来の夢をもっている
・家族

〈今，これまでに，心に残っている出来事〉
・友だちと遊んでいる日々
・学級のみんなで楽しく学んだ
・音楽の発表会
・家族で楽しく過ごした日々
・運動会での競技

第1時 227

十年後のわたしへ

2 / 2時間

準備物：手紙を書く用紙（罫線を印刷した用紙，便箋，原稿用紙など），（場合によって）封筒

❶ 「十年後のわたし」に手紙を書く意義を確かめる

10年後に読み返す手紙です。人生の記念になる手紙を書きましょう。

前時に考えた「自分が10年後にどうありたいか」「今，大切に思っていること」をもとにして，手紙を書く。

生まれてから10年の節目の手紙であり，4年生の集大成としての手紙でもある。子どもたちへの思いを込めた熱い語りで，ぐっと意欲を高めたい。

❷ 「十年後のわたし」に何を書くのか構想を考える

サッカー選手になる夢を書こうかな。

ノートに書きたいことをメモしたり，前時に書き出したメモに印を付けたりしながら，何をどう書いていくのかを考える。

用紙に手紙を書いていく前に，少しでもいいので構想の時間を取ることで，書くことがスムーズになる。

✎ 心に響く手紙のポイントは

　自分がもらってうれしい手紙とはどんな手紙ですか。それは，「具体的である」手紙です。例えば，給食を作ってくれる調理員さんへの感謝の手紙で，「いつもおいしい給食を作ってくださってありがとうございます。」という言葉は，悪いわけではないのですが，誰もが言いそうな言葉でもあり，それほど心に響きません。「ひじきの炒め煮が出ると，いつもおかわりしています。」のほうが，強く印象に残ります。夢について書くときも同様です。「夢に向かってがんばります！」では，何に向かってどうがんばるのかが見えません。
　「具体的である」ということは，映像が浮かぶということであり，個性的であるということです。4年生であれば「具体的」という用語を用いて教えていくとよいでしょう。

- **本時の目標**：10年後の自分へのメッセージになる内容を考えて，手紙を書く。また，書いた手紙を読み返し，表記の間違いを正したり，よりよい表現に直したりする。
- **本時の評価**：10年後の自分へのメッセージになる内容を考えて，手紙を書くことができる。また，書いた手紙を読み返し，表記の間違いを正したり，よりよい表現に直したりすることができる。

❸ 「十年後のわたし」への手紙を書く

　表現上の細かい指導以上に，「手紙」に対して，しっかりと本音で向き合っていることが何よりも大切である。

　書き出し方や思いの表れた内容など，ほかの子にも広げたいものがあれば，途中で紹介したり，読み合ったりするのもよいだろう。

　つまずいている子がいれば，助言をするなどして支援する。

❹ 読み返し，表記の間違いを正したり，よりよい表現に直したりする

　書いた手紙を読み返し，表現を正したり，よりよい表現に直したりする。

　「20歳の自分に恥ずかしくない手紙にするために，読み返して，よりよいものにしよう」などと，手紙を書く目的と合わせて推敲するように指示すると，読み返す必要感も感じさせやすい。

　書き上げた手紙には，教師のメッセージを付けて返したり，友達と読み合ったり，保護者に読んでもらったりと学級の状況に合わせて効果的に生かしたい。

　きれいな封筒に入れて20歳まで保管するようにするのもよいだろう。

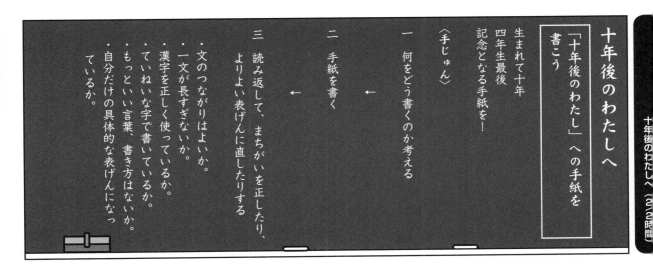

「クラブ活動リーフレット」を作ろう

「クラブ活動リーフレット」を作ろう

名前（　　　　　　　　　　）

◎説明したい内ようをえらび、文章の組み立てを考えよう。

はじめ	（自分の考え）	
中	（写真）	（取材カード）
終わり	（まとめ）	

短歌・俳句に親しもう（二）

短歌・俳句に親しもう（二）

名前（　　　　　　　　　　　　　）

★自分が気に入った、一番お気に入りの短歌・俳句を視写しましょう。

★自分のお気に入りの短歌・俳句を絵で表してみましょう。

★ミニ句会を行ってみて、自分が工夫した点や友だちのよかったところを書いてみましょう。

ウナギのなぞを追って

「ウナギのなぞを追って」　　　年　　　組　名前

○内ようのまとまりごとに整理し、大事なことを書き出そう。

	ページ	内よう	大事な言葉
はじめ			
中1			
中2			
終わり			

ウナギのなぞを追って

「ウナギのなぞを追って」　　四年　　組　名前

○　しょうかい文を読み、よい点や改ぜん点を伝え合おう。

☆　感想メモ

|　　　　|さんの　しょうかいしたい本|

・しょうかいしたいことが　よく伝わってくるか　　（ ◎ 　○ 　◁ ）
・書いてあることが分かりやすい書き方か　　　　（ ◎ 　○ 　◁ ）
・読みたい気持ちになる書き方か　　　　　　　　（ ◎ 　○ 　◁ ）
・（ にている　・　ちがっている ）と思ったところ

・そのほか

|　　　　|さんの　しょうかいしたい本|

・しょうかいしたいことが　よく伝わってくるか　　（ ◎ 　○ 　◁ ）
・書いてあることが分かりやすい書き方か　　　　（ ◎ 　○ 　◁ ）
・読みたい気持ちになる書き方か　　　　　　　　（ ◎ 　○ 　◁ ）
・（ にている　・　ちがっている ）と思ったところ

・そのほか

まちがえやすい漢字

漢字の意味の使い分け辞典

名前 （　　　　　　　　　　　　）

ことば	漢字	意味	使い方
はやい	速い	スピードがはやい	・車が速い　・走るのが速い
	早い	時間や時期がはやい	・起きるのが早い　・朝早く

初雪のふる日

初雪のふる日

番　名　前（　　　　　　　　　　　　　）

○場面ごとに、女の子の様子や気持ちをまとめよう。

場面	女の子の様子	女の子の気持ち

初雪のふる日

初雪のふる日

番　名前（　　　　　　　　　　　　　）

○音読発表会をしよう。

発表を聞いた場面	発表を聞いてよいと思ったところ
例：一・二場面	・場面の様子、女の子の気持ちの変化

自分のグループ（　　　　　）

○単元を通して、考えたことや身に付いた力

執筆者・執筆箇所一覧 （所属は執筆時）

【編著者】

山本　真司（南山大学附属小学校）

４年生の実態×指導内容×配慮事項／秋の風景／慣用句／漢字の広場④／文と文をつなぐ言葉／わたしの研究レポート／十年後のわたしへ

【執筆者】（執筆順）

宍戸　寛昌（立命館小学校）

これからの時代に求められる学力，及び国語の力／特別な支援を要する子も包み込む授業づくり

長屋　樹廣（北海道網走市立網走小学校）

ごんぎつね／熟語の意味

水野　晋吾（愛知教育大学附属名古屋小学校）

アップとルーズで伝える・[コラム]言葉で変わる写真の印象／冬の風景／ウナギのなぞを追って／漢字の広場⑥

手島　知美（愛知県みよし市立三好丘小学校）

「クラブ活動リーフレット」を作ろう

赤木　一成（広島県府中市立国府小学校）

短歌・俳句に親しもう（二）

佐藤　司（大阪府豊中市立寺内小学校）

プラタナスの木／聞き取りメモの工夫

矢野　哲史（愛知教育大学附属名古屋小学校）

のはらうた／野原に集まれ

澤野　佑輔（愛知教育大学附属名古屋小学校）

漢字の広場⑤／まちがえやすい漢字

上月　康弘（新潟県小千谷市立小千谷小学校）

初雪のふる日

【編著者紹介】

山本　真司（やまもと　しんじ）

愛知県生まれ。愛知教育大学卒業後，名古屋市の公立小学校，愛知教育大学附属小学校の勤務を経て，現在，南山大学附属小学校勤務。

〈主な著作〉

『板書＆イラストでよくわかる　365日の全授業　小学校国語４年上』（明治図書）

『子どもがいきいき動き出す！小学校国語　言語活動アイデア事典』（明治図書）

『子どもがどんどんやる気になる国語教室づくりの極意　学級づくり編』（東洋館出版社）

『子どもがどんどんやる気になる国語教室づくりの極意　国語授業編』（東洋館出版社）　　　　　　　　　　　他多数

【協力】

国語"夢"塾

【イラスト】

松田美沙子

板書＆イラストでよくわかる
365日の全授業　小学校国語　４年下

2016年８月初版第１刷刊　Ⓒ編著者　山　本　真　司
　　　　　　　　　　　　　発行者　藤　原　光　政
　　　　　　　　　　　　　発行所　明治図書出版株式会社
　　　　　　　　　　　　　　　　　http://www.meijitosho.co.jp
　　　　　　　　　　　　（企画）林・佐藤（校正）㈱友人社
　　　　　　　　　　　　〒114-0023　東京都北区滝野川7-46-1
　　　　　　　　　　　　振替00160-5-151318　電話03（5907）6703
　　　　　　　　　　　　ご注文窓口　　電話03（5907）6668

＊検印省略　　　　　　　組版所　藤原印刷株式会社

本書の無断コピーは，著作権・出版権にふれます。ご注意ください。
教材部分は，学校の授業過程での使用に限り，複製することができます。

Printed in Japan　　　　　　　　　　　ISBN978-4-18-290411-0

もれなくクーポンがもらえる！読者アンケートはこちらから　→

国語"夢"塾協力

板書&イラストでよくわかる
365日の全授業

小学校国語

授業の流れを4コマで紹介！

有名教材～小単元まで全授業をサポート！

実際の板書例ですぐに取り組める！

上巻

1年 図書番号2761・320頁・3300円+税　岩崎直哉編著
掲載範囲 「あさ」～「かずとかんじ」

2年 図書番号2762・244頁・3200円+税　宍戸寛昌編著
掲載範囲 「じゅんばんにならぼう」～「どうぶつ園のじゅうい」

3年 図書番号2763・248頁・3200円+税　藤井大助編著
掲載範囲 「よく聞いて，じこしょうかい」～「ローマ字」

4年 図書番号2764・224頁・3200円+税　山本真司編著
掲載範囲 「ばらばら言葉を聞き取ろう」～「漢字の広場③」

5年 図書番号2765・224頁・2900円+税　小林康宏編著
掲載範囲 「教えて，あなたのこと」～「漢字の読み方と使い方」

6年 図書番号2766・200頁・2900円+税　弥延浩史編著
掲載範囲 「つないで，つないで，一つのお話」～「生活の中の言葉」

下巻

1年 図書番号2901・304頁・3300円+税　岩崎直哉編著
掲載範囲 「くじらぐも」～「いいこといっぱい，一年生」

2年 図書番号2902・272頁・3300円+税　宍戸寛昌編著
掲載範囲 「お手紙」～「楽しかったよ，二年生」

3年 図書番号2903・272頁・3200円+税　藤井大助編著
掲載範囲 「ちいちゃんのかげおくり」～「わたしの三大ニュース」

4年 図書番号2904・240頁・3200円+税　山本真司編著
掲載範囲 「ごんぎつね」～「十年後のわたしへ」

5年 図書番号2905・208頁・2900円+税　小林康宏編著
掲載範囲 「大造じいさんとガン」～「六年生になったら」

6年 図書番号2906・208頁・2900円+税　弥延浩史編著
掲載範囲 「やまなし」～「かなえられた願い──日本人になること」

光村図書
教科書準拠

明治図書　携帯・スマートフォンからは **明治図書ONLINE** へ　書籍の検索，注文ができます。▶▶▶
http://www.meijitosho.co.jp　＊併記4桁の図書番号（英数字）でHP，携帯での検索・注文が簡単に行えます。
〒114-0023　東京都北区滝野川7-46-1　ご注文窓口　TEL 03-5907-6668　FAX 050-3156-2790